工作成癮症╳知識焦慮症╳微笑憂鬱症……
心理學教你破解現代病，打造內在強大、外在從容的人生！

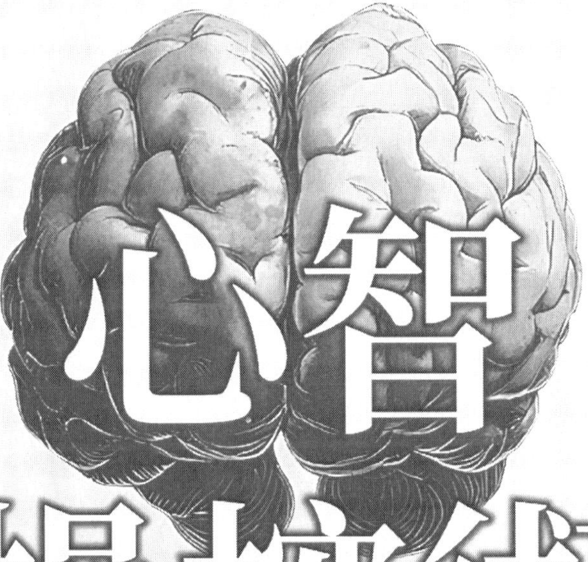

Mind control

心智操控術

讓心理學成為你的超能力

◎你為何總會被情緒綁架？
◎初戀為什麼最刻骨銘心？
◎孩子越被讚美卻越退縮？
一本從內到外全面的心理成長指南
讓你的生活不再被瑣碎的難題困擾！

楊書媛 著

目錄

前言 005

第 1 章
自我心理學：驚喜地發現自己的寶藏 009

第 2 章
工作心理學：為上班族做的心理 X 光 039

第 3 章
學習心理學：你學會如何學習了嗎？ 087

第 4 章
社交心理學：人際交往的潛規則 125

第 5 章
消費心理學：你的錢就這樣偷偷消失了 163

目錄

第 6 章
戀愛心理學：愛情的定律　　　　　　195

第 7 章
婚姻心理學：婚姻那點事　　　　　　223

第 8 章
教育心理學：
沒有平庸的孩子，只有失敗的父母　　259

前言

當初踏入心理諮商領域時，我的目的是希望讓自己擁有更幸福的生活。然而在實際學習的過程中卻發現，身邊「活得不幸福」的人竟是如此之多。

根據國際衛生組織（World Health Organization, WHO）公布的資料顯示，目前從事精神健康服務的專業人員嚴重不足，即使加上登記註冊的心理諮商師的數量，也遠遠無法滿足日益增長的需求。

醫療院所掛號困難，而一般心理諮商機構的費用對於多數小資族而言更是沉重的負擔。因此，身為心理諮商師，我開始思考能為更多人做什麼。答案是「防範未然」，也就是將心力放在尚未罹患或可能罹患心理疾病的人身上。一旦進入心理疾病的治療階段，所要付出的代價就變得相當龐大，因此透過大眾傳播心理健康的觀念就顯得格外重要。

本書的閱讀對象主要設定為 18 歲到 35 歲的年輕族群。書中的內容建構於心理學理論之上，融合日常生活中常見的現象與我個人對人們生活細膩的觀察。透過輕鬆而生動的方式，引導讀者發現心理學的力量，進一步了解並重視心理健康。每章的末尾，也特別規劃了具體可行的行動指南，提供

前言

讀者實踐的方法，幫助大家邁向更幸福的生活。

本書的主軸從自我出發，延伸至工作、學習、社交等領域常見的心理議題：

在「自我心理學」中，你會驚喜地發現，原來自我內在就蘊藏豐富的資源與潛能，無須再辛苦地向外追尋答案。當你能夠完全接納自己，甚至負面情緒也能成為成長的養分，書中將提供你一些探索與開發自我的實用方法。

「工作心理學」則針對職場人群經常面對的心理壓力，像是「主管恐懼症」、「職業倦怠」等問題，提供嶄新的觀察角度以及有效實用的建議，協助上班族更有力量面對職涯困境。

學習是一生必修的課題，但我們卻少有機會學習如何有效學習。「學習心理學」幫助你掌握學習的核心技巧，讓你重新審視過去無效的學習方式，並提供未來學習的明確指引。

「社交心理學」探討人與人之間關係的本質，破解社交互動的迷思與盲點，幫助你更輕鬆地與人建立良好的互動，成為受歡迎的社交達人。

金錢問題永遠困擾著許多人。「金錢心理學」將告訴你為何總會有衝動消費的衝動，以及商家背後的促銷心理戰術，讓你在消費時能更理性，避免不必要的支出。

在愛情的道路上，單純的真誠往往不夠。「愛情心理學」教你一點「小技巧」，並非鼓勵你走偏門，而是透過心理學的智慧增添浪漫情趣與追求策略，讓你順利抓住幸福的機會。

婚姻並非易事，尤其是處理複雜的人際關係如婆媳問題或家庭事務。「婚姻心理學」將提供你經營婚姻關係的建議與策略，讓婚姻生活能夠順利且和諧地前進。

教育子女更是成人必經的人生課題，然而多數人都是無經驗地成為父母。「教育心理學」並非萬能，但書中詳述了教育中常用的鼓勵、責備、獎勵與懲罰的適當方式，提供重要的提醒與指引，幫助父母們掌握有效的教養技巧。

健康的人未必覺得幸福，但真正幸福的人一定擁有健康的心理狀態。為了自己的心靈平衡與家庭的幸福和諧，誠摯推薦你閱讀這本書。

前言

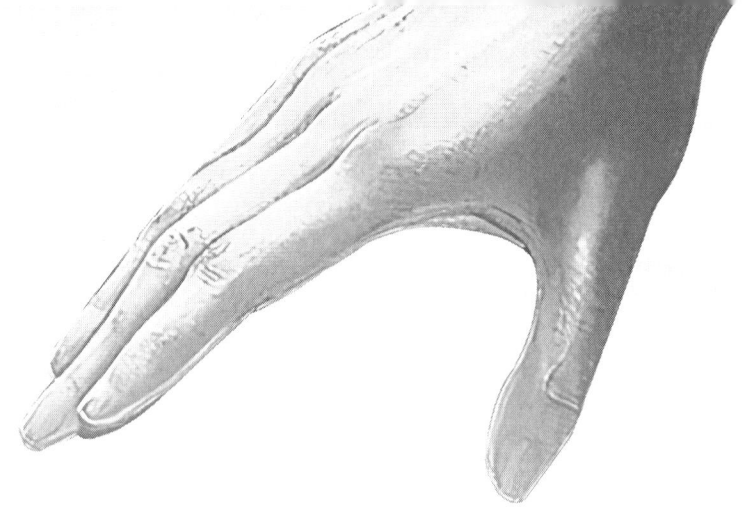

第 1 章

自我心理學：
驚喜地發現自己的寶藏

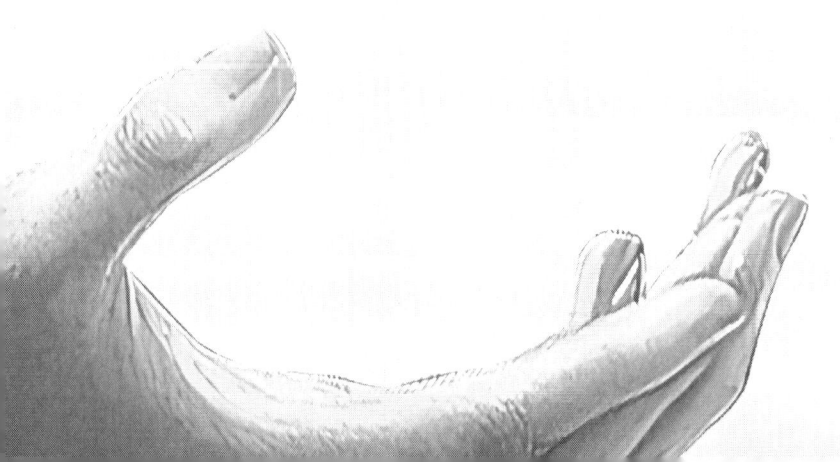

第 1 章　自我心理學：驚喜地發現自己的寶藏

 你還有多少潛能未被發現？

生活視角

你是否常覺得自己能力不足，無法過上理想的生活？或者常感到迷茫，看不清前方的路？是否試圖透過外界力量來尋求支持？其實，如果你願意深入探索內心，將會發現自己擁有難以想像的強大潛能。

透過「催眠」便能有效地開發潛能。許多人認為催眠神祕莫測，但其實催眠是種高度專注且容易受暗示的狀態，不僅能提升身心健康，更能開發出內在巨大的潛能。

2008 年，美國著名催眠治療師埃里克‧坎德爾（Eric Kandel）出版了自傳，書中描述他如何運用自我催眠的方式，克服年輕時的學習障礙，最終獲得了諾貝爾醫學獎。坎德爾的經歷告訴我們，即使看似普通的人，只要有效運用內在潛能，也能成就非凡。

除了坎德爾這樣的人物，在日常生活中，我們也經常見證潛力突然爆發的驚人案例。我的朋友志偉曾經目擊這樣一件事情。

有一次，志偉開車外出工作，前方一輛貨車突然失控撞向路旁的大樹，駕駛座嚴重變形，司機被困其中，無法脫

困。志偉立即停車協助，周圍居民也紛紛趕來幫忙，但無論如何用力，車門都無法被打開。更危急的是，汽車開始冒煙起火，若不盡快救人，司機的生命將岌岌可危。

此時，一位身材瘦弱的中年男子突然衝到車前，大喊：「讓開！」他瘋狂地撞擊車門，手臂肌肉瞬間暴起，衣袖甚至被肌肉撐破。眾人還來不及反應，這位男子竟然成功地打開了車門，並迅速救出了司機。

事後志偉好奇地詢問他：「你明明看起來很瘦弱，為什麼可以爆發出這麼大的力量？你有練過特別的功夫嗎？」

男子低聲回答：「我曾經眼睜睜地看著兒子在火災中喪生卻無能為力，從此，我就無法忍受再看見有人陷入火場。」說完便默默離去。

其實這種「潛力爆發」並不罕見。法國有句諺語說：「當你覺得自己再也無法前進時，其實你仍能走出一大段路。」這句話精準地描述了人類潛能的本質：外在能力耗盡之後，內在的力量仍然無限。

或許你也曾有過這樣的經驗：當你絞盡腦汁思考問題卻毫無進展，卻在放鬆或從事其他活動時，突然靈光一閃，答案竟自然而然地浮現。

這種現象顯示，每個人的內在都擁有巨大的潛意識能量。然而，大部分人都只是偶然間運用了這股力量，能像坎

德爾這樣積極主動開發自我潛意識的人少之又少。

潛意識的影響往往超乎想像。例如許多父母在教育子女時，若經常以負面言語指責孩子，如「你怎麼這麼笨？」或「你耳朵有問題嗎？聽不到嗎？」長期下來，孩子便可能產生心理陰影，出現聽覺或理解能力的障礙。

我的一位親戚曾經跟我聊到，她總是不由自主地說出反話，比如原本想說「這樣對」，卻總會脫口而出「這樣不對」。我後來發現，這與她丈夫經常批評、指責她有關，長期自我否定的結果，導致潛意識在無意識間主導了她的言行。

從這些例子可見，潛意識若接收負面的資訊，便會帶來負面的結果。然而，若我們能夠善加運用潛意識，讓它接收積極、正面且具建設性的資訊，便能夠引導人生走向更光明的未來。

心理層面

潛意識

潛意識的概念最早由心理學家西格蒙德・弗洛伊德（Sigmund Freud）所提出，指的是潛藏在一般意識之下的深層心理力量。潛意識彷彿是人類數百萬年來的遺傳基因庫，儲存了我們最基本的本能、自主神經系統的功能，以及生存所需的

重要資訊。如果能有效開發潛意識的力量，幾乎任何願望都可能實現。

即使如愛因斯坦、愛迪生這樣的天才，一生中所運用的潛意識能量也不到百分之二。這意味著，無論你的智力高低或背景如何，只要懂得善用潛意識，都能實現看似困難的目標。潛意識就像一台全能的機器，但需要你親自來操控，只要你積極地給予它正面的暗示與印象，它便能發揮出強大的作用。

著名的潛意識研究專家約瑟夫‧墨菲博士（Joseph Murphy）曾說：「我們要不斷地用充滿希望與期待的話語與潛意識對話，這樣潛意識便能讓你的生活變得更明朗，進而實現你的願望。」

幸福指南

那麼，一般人如何有效地訓練並開發潛意識呢？以下提供幾個實用方法：

1. 增強記憶功能

為了讓潛意識更有效率地發揮作用，我們可以透過反覆記憶、重複輸入重要資訊，如此可提升潛意識的儲存和運作效率。此外，也可透過建立視覺化的筆記，持續學習和加強對相關資訊的掌握。

2. 強化潛意識的控制能力

潛意識如同容器般,不會主動區分善惡,它會直接接受指令並影響我們的行動與思維。因此,我們要持續輸入正面的資訊,使正向的心態成為主導意識,甚至形成直覺和行為習慣。

3. 轉化負面潛意識

如果潛意識接收了負面資訊,應試著淡忘這些負面經驗,或透過分析將其轉化為正面動力。用正面思維取代負面資訊,使潛意識轉而支持我們朝向成功。

4. 明確的潛意識指令

潛意識具有自動分類資訊、排列組合並產生新靈感的能力。我們應清楚地向潛意識發出問題指令,如面臨的困難或想實現的願望,之後在生活中放鬆心情,讓潛意識自然產生創意與解決方案。

5. 持續自我暗示

經常透過正面的自我暗示,例如:「我一定會成功!」、「我一定能賺到錢!」等等,並詳細描繪實現目標後的情景。透過不斷地重複與強化,讓潛意識接受並最終實現你的願望。

透過這些方法,只要持續且重複地進行練習,你將逐漸掌握潛意識的力量,並使之成為實現人生理想的關鍵助力。

負面情緒中的成長力量

生活視角

從事心理諮商的工作多年,我常遇到帶著嚴重負面情緒走進諮商室的個案。他們迫切希望透過心理諮商「消滅」這些不好的感受,回到快樂的狀態。然而,許多人並不知道,負面情緒本身其實蘊藏了豐富的成長力量。

根據情緒心理學家蘇珊・大衛(Susan David)的研究指出,後設情緒能力的培養(即能意識並善用情緒),比避免負面情緒更加重要。負面情緒如憤怒、焦慮、恐懼與慚愧,若能善加運用,都可能成為推動個人成長的契機。

憤怒雖然看似具破壞性,但卻能激發高能量,使人勇敢面對障礙,積極採取行動,改變令人不滿的現狀;焦慮和恐懼則能提高個人的警覺性與敏感度,幫助我們更快速地察覺潛藏的問題,做好預防措施。慚愧與內疚則能促使我們反思自身的價值觀與行為模式,從中找到更具建設性的處理方式。

令我印象深刻的是一次同學聚會上,久未見面的同學們分享起各自的近況,發現當初被眾人看衰的同學唐志明,竟然成為班上事業最成功的人之一。

第 1 章　自我心理學：驚喜地發現自己的寶藏

唐朝詩人劉禹錫曾言：「沉舟側畔千帆過，病樹前頭萬木春。」即使曾經有過低谷，只要找到情緒背後的推動力量，每個人都能迎來屬於自己的春天。同學唐志明便是個最佳的例子。

大學時期，唐志明總因個性自卑而逃避社交，同學間也覺得他將來一定沒出息。然而，十五年後，他卻已成為一家中型企業的老闆。在一次同學聚會上，他平靜地向大家訴說這些年來的經歷。他坦言，自己長年自卑，無法相信自己會成功，然而正因為這種自卑，他將理想細化為許多小目標，努力實踐每個細節，並積極學習他人的長處，最終取得了令人驚訝的成就。

從他的故事中，大家深刻體會到，情緒從來不是問題本身，真正的問題在於我們如何看待和運用它。

印度哲人吉杜‧克里希那穆提 (Jiddu Krishnamurti) 指出：「問題的起源，在於我們拒絕接受真相。」為了逃避不想接受的現實，我們常常強迫自己走向另一個極端，導致自己更加痛苦與迷失。

我的好友素素的經驗便充分說明了這一點。大學時期的她因為自卑與孤獨，勉強接受了一段沒有愛情基礎的戀愛。這場戀愛的背後是家長期待與現實壓力的推動，她的內心卻日益憂鬱與空虛，最後以男友的分手結束這段荒謬的關係。

這段失戀的經驗讓素素徹底跌落谷底，但也成為她重獲新生的轉機。她終於意識到，只有誠實面對自己的情緒與內心，才能獲得真正的自由。從此，她堅持依照內心的聲音選擇人生道路，最終在異地城市靠自己努力獲得了財富與真正的幸福。

如同心理學家卡爾・羅傑斯（Carl Rogers）所言：「奇妙的是，當我接受了我真實的自己，我才能改變。」接納情緒，傾聽內心真實的聲音，才是治癒的開始。

所有情緒本身都是中性的，它們之所以成為問題，只因為我們視之為敵人。每一種情緒背後都有其意義與價值，甚至是最黑暗的情緒，也能引領我們邁向新的生命階段。只要懂得與自己的負面情緒共處，就能從中得到滋養，獲得更大的成長動能。

心理層面

情緒以及對人的影響

情緒也能稱得上是身體的語言，當一個人經歷不同情緒時，會自然表現在生理的動作上。從開心時手舞足蹈、憤怒時緊握雙拳，到悲傷時難以言語或食不下嚥，這些動作越明顯，表示情緒的強烈程度也越高。

第 1 章　自我心理學：驚喜地發現自己的寶藏

心理學家伊萊恩‧哈特菲爾德（Elaine Hatfield）提出，情緒就如同感冒一般具有高度傳染性。特別是富有同理心的人，更容易在無意識中被他人的情緒所影響。因此，身處充滿負面情緒環境中的人，經常會莫名其妙地感到心情低落，甚至影響自己的生活品質與工作效率。

心理學中有所謂的情緒平方定律（Emotional Square Law），這項理論認為相同類型的情緒事件若頻繁重複發生，並非以單純的累加方式影響我們，而是以「平方」的效應擴大其作用。例如，某人經歷了一系列負面事件，情緒不僅僅是逐次增加，而是迅速且大幅地增強。因此，俗話說「禍不單行」正是因為多重負面事件可能會造成超乎想像的心理衝擊。

社會心理學家史塔克（Fritz Strack）進行的一項研究指出，人類臉部表情會直接影響情緒狀態。在他的實驗中，要求一組人用嘴巴咬住鉛筆，使臉部呈現微笑表情；另一組則咬住鉛筆但呈現皺眉表情。結果顯示，前一組受測者覺得漫畫更為好笑，後者則覺得不有趣。這表明我們只要調整自己的表情與姿態，就能反過來影響內心的情緒。因此，經常微笑的人，通常也更容易感受到快樂。

情緒會隨著社會階級和人際關係往下傳遞，這種現象心理學稱為「踢貓效應」（Kick-the-cat Effect）。此理論指出當一個人在工作或人際互動中累積了負面情緒，卻又無法直接向

引發情緒的源頭發洩時,便會轉而將情緒發洩在弱勢群體或下屬身上,形成一種不健康的情緒循環。因此,若想避免這種惡性循環,我們需要察覺情緒源頭並積極進行調適,而不是任由負面情緒自由流動、傳遞傷害。

幸福指南

1. 善用情緒的感染力

情緒就像感冒病毒,具有很強的感染性。有些人在家庭或職場中,無法控制自己的負面情緒,造成嚴重的人際問題。要根治這種「情緒病毒」,首先就得學會如何讓自己快樂。心理學家馬丁・賽里格曼(Martin Seligman)提出的「正向心理學」認為,刻意去發現生活中的美好事物,會讓人感受到更多幸福與滿足。正如一句俗話所言:「你若笑容滿面,世界也會對你微笑。」學會讓自己快樂,就能避免情緒汙染的問題,更能帶給他人正面影響。

2. 即使假笑也能快樂

心理學中的「臉部回饋假說」(Facial Feedback Hypothesis)指出,我們的情緒與臉部肌肉緊密相連。當我們強迫自己微笑時,臉部肌肉的回饋會使大腦產生正向情緒。即便內

心並未真正開心,透過刻意保持微笑,情緒也會逐漸改善。因此,不管是真心還是假裝,試著微笑吧,它會帶領你走向更幸福的感受。

3. 適時尋找社會支持

人們常說「禍不單行」,當多個挫折同時襲來時,心理壓力會被放大數倍,使我們更難以承受。根據情緒平方定律,當人接連遭遇負面事件時,情緒的衝擊往往會遠超出想像。此時,最重要的做法是及時尋求支持,例如與朋友、家人傾訴,或尋求專業心理諮商的協助。這種即時的社會支持,有助於你更快走出困境,避免情緒陷入惡性循環。

4. 管理者須注意的踢貓效應

心理學上的「踢貓效應」描述的是情緒從上往下傳遞的過程,管理者尤其需要謹慎。若管理者本身的情緒管理能力不佳,極易導致負面情緒的傳染,從而影響整個團隊的氛圍與效率。

管理者應學習兩個自我管理原則:

首先,領導者要意識到自身的情緒影響力,避免將負面情緒發洩在下屬身上。培養良好的情緒素養,保持真誠寬容、心胸開闊、避免遷怒,是領導者的重要修練之一。

其次，管理者應主動培養自我情緒調適的方法，例如運動、與家人或朋友的交流，或適當的獨處與反省時間。唯有如此，才能確保自身情緒穩定，做出正確且冷靜的決策，也才能真正贏得下屬的信任與尊重。

第 1 章　自我心理學：驚喜地發現自己的寶藏

 實踐心想事成的方法：心像練習

生活視角

　　每個人心裡都有渴望實現的願望，然而許多人經常抱怨：為什麼努力想要的東西總無法實現？事實上，「心想事成」並非只是一句安慰人心的話，而是有心理學理論依據的實踐方法。

　　美國著名演說家哈利・愛默生・福斯迪克（Harry Emerson Fosdick）曾指出，人的想像具有強大的力量，它能帶領人們一步一步朝著內心描繪的未來前進。也就是說，當你在內心建立一個清晰且明確的自我形象時，你就更容易靠近那個理想的自己。

　　實際上，許多成功人士都曾運用這種心理技巧。根據運動心理學家吉姆・泰勒（Jim Taylor）的研究指出，頂尖運動員經常透過「心像練習」（Mental Imagery）提升表現。例如知名奧運游泳選手菲爾普斯（Michael Phelps）會在比賽前反覆想像每個游泳細節與可能遭遇的狀況，透過想像預演每一個動作，最終成功摘下數十面奧運獎牌。

　　除了在運動與職業領域，心像練習在醫學領域也有重大作用。哈佛醫學院的研究顯示，患者透過正面的視覺化想

像,能提高自身免疫力,甚至在某些疾病的治療上取得顯著成效。有位美國的小男孩患了癌症後,將疾病想像成一個巨大卻愚蠢的怪獸,每天用心像與之搏鬥,經過長期堅持,病情奇蹟般得到控制。這種現象在心理免疫學領域被稱為「免疫功能的喚醒效應」(Immunological Awakening Effect),彰顯心像練習的強大潛力。

美國知名高爾夫教練艾力克斯・莫里森(Alex Morrison)也提出了類似的練習方法,他指出,一些高爾夫初學者透過觀看並想像標準動作,不進行實際練習,每天只花幾分鐘進行視覺化訓練,就能顯著改善自己的表現。原因在於人類的大腦無法精確區分想像和現實,只要生動地想像動作,身體就會受到相同的刺激,促使實際表現提升。

心理學家曾進行過一項著名的實驗:將學生分為三組進行投籃練習比較。第一組每天實際投籃二十分鐘;第二組完全不練習;第三組只用想像進行練習。實驗發現,第三組僅靠想像練習的人,投籃成績提升了26%,甚至超越了第一組實際練習者的24%。

這項研究凸顯了心像練習的神奇力量,證明大腦的神經系統會把「生動的想像」與「實際經驗」視為相同的經歷。因此,透過心像練習,我們能在腦中提前預演並優化自己的行為,逐步實現心中的理想。

心理層面

心像練習

心像練習（Mental Imagery）是一種將潛意識的願望轉化為具體影像的心理過程。美國醫師麥克斯威爾・馬爾茨（Maxwell Maltz）在其著作《心理控制術》（*Psycho-Cybernetics*）中指出，人類內在具有一套自動化的「創造性成功機制」（Creative Success Mechanism），只要你清楚地想像並確定你想要完成的目標，這套機制便會自動啟動，推動你一步步接近目標。

因此，不要在行動前過於焦慮或自我懷疑，而應保持內心的平靜與放鬆，清楚地在內心呈現你想要實現的景象。當這個內在影像越清晰，你的行動與思維就越容易受到正向驅使，逐漸靠近理想的結果。

值得注意的是，心像練習並非讓你陷入空想，或只是等待目標自動實現。相反地，你必須將內在清晰的想像與現實行動相結合，不斷透過積極的行動來強化這些影像，最終實現「心想事成」的願望。

幸福指南

建議你每天撥出三十分鐘，單獨一人，盡可能排除所有可能的干擾，讓自己處於完全放鬆、舒適的狀態。接著，輕輕閉上眼睛，開始鍛鍊自己的想像能力。根據馬爾茨的研究指出，透過想像的細節越豐富，心像練習的效果也就越顯著。

你在想像的過程中，應清晰地呈現自己處在一個具體的場景之中，並仔細感受環境的視覺、聲音、觸覺等細節。例如，如果你過去常在人群中感到緊張不安，可以想像自己在一場重要的活動中，從容自在地進行演講，觀眾的掌聲與歡呼聲讓你倍感愉悅與自在。經常進行這樣的心像練習，你將逐漸感覺到自己的行為逐步改變，許多反應變得更加自然而流暢，甚至不用刻意提醒自己。

對於正在面臨疾病困擾的人，也可透過心像練習進行自我輔助治療。史坦福大學醫學中心的研究指出，正向且生動的視覺化練習，能有效緩解患者的壓力，並刺激人體免疫系統的反應，有助於疾病的康復。

具體實踐方式如下：

首先，選擇一個安靜舒適的環境坐下或躺下，閉上眼睛後，將自己的想像力集中在療癒疾病上。例如，想像自己身處在一個開闊而舒適的場景中，比如綠意盎然的大草原或繽

紛絢麗的花園。然後，將身體內健康的細胞想像成一支強大的正義之軍，開始積極對抗體內的疾病，這些疾病則被具體化為負面的入侵者。隨著戰鬥過程在腦海中展開，明確且逼真地想像這些負面細胞逐一被健康細胞擊退，最終取得完全的勝利。

值得提醒的是，在進行此項練習時，你應該完全放鬆、專注並保持正面樂觀的態度。每天堅持進行三十分鐘的視覺化練習，往往能在面對慢性病、醫學上棘手的疾病或其他身心疾病時產生意想不到的效果。

江山可改，本性也可移

生活視角

有一天，我的一位老朋友跟我抱怨自己的丈夫，說他總習慣以主管的語氣與她對話。丈夫對她的要求特別嚴苛，凡事都要進行批評，幾乎沒有給予正面肯定。如果她表現不滿，夫妻間就會立刻產生爭執。因此，她只能長期忍受這種情緒壓力，心中鬱積的委屈日益加深，導致夫妻關係陷入僵局。

她曾試圖與先生溝通，希望他能改變這種態度，然而對方卻回答：「我本來個性就是這樣，無法改變。」這種態度代表他早已將自己定義成某種特定的角色，認為改變等同失去自我。根據行為心理學教授卡蘿·杜維克（Carol Dweck）的成長型思維理論，當一個人過度堅持自我形象並拒絕成長時，就會陷入僵化狀態，造成更深的心理困擾。

有心理學家曾進行過一項著名的「鯊魚與熱帶魚」實驗。研究人員將鯊魚與熱帶魚放在同一水槽內，以強化玻璃隔開。一開始，鯊魚試圖穿過玻璃攻擊熱帶魚，但每次都撞到牆壁上受傷。經過多次嘗試，鯊魚漸漸放棄，不再理會熱帶魚，即便後來移走了玻璃隔板，鯊魚也不再嘗試接近牠們，

第 1 章　自我心理學：驚喜地發現自己的寶藏

徹底放棄跨越障礙的可能性。

這個實驗象徵著人類在面對挫折後容易產生的「習得性無助」(Learned Helplessness)，馬丁‧賽里格曼 (Martin Seligman) 指出，人們一旦認定自己無法改變，便會主動放棄所有積極的嘗試，從而失去改變與成長的機會。

在心理諮商中，有許多個案習慣用「我本來就是這樣的人」來逃避改變。這種固執的自我認定在心理學中稱作「自我設限」(Self-limiting beliefs)。當一個人不願意改變或成長時，便透過這種描述來安慰自己，避免去面對真正的問題。久而久之，這種自我設限會成為真正成長的阻礙，甚至帶來自我毀滅的危險。

有些人抗拒改變，是因為害怕別人會從自己的成長中獲益。有一個寓言故事生動地展現了這種心理：

一棵蘋果樹長到能結果子的年紀，第一年結了十顆蘋果，自己得到了一顆，其他的都被人摘走了。第二年，它憤怒地減少結果，只結出五顆，但仍然只能拿到一顆，其他還是被摘走。但這次它覺得平衡了，因為它所擁有的比例提高了。然而，假設蘋果樹願意改變心態，不再糾結於所得到的比例，而是繼續努力生長。這樣，它或許能成長為一棵結出無數果實的參天大樹。

美國心理學家亞伯拉罕‧馬斯洛 (Abraham Maslow) 曾說：「人最重要的是持續發展自我潛能，而非糾結於眼前短期的利

益。」只有放下對「比例」的執著，不斷地調整與自我改變，才能真正邁向更大的成就，實現內心渴望的人生目標。

因此，記住：改變並非失去自我，而是真正地認識與發展自我。

心理層面

自我概念

自我概念（Self-concept）是心理學中重要的概念，指的是一個人如何理解並評價自己，包含對自我特質、價值觀和行為傾向的整體認知。美國心理學家威廉·詹姆士（William James）將自我概念分為「主我」（I）與「客我」（Me）。主我是認知的主體，也就是正在感受、思考、觀察世界的內在意識；客我是被觀察的對象，也就是人們對自己的觀察、評價及定義。

人們平常所說的「我是一個怎樣的人」，通常就是指客觀的「客我」。而「主我」則代表個體內在的自覺與意識狀態，隨時掌控著個人行為的改變與調整。

卡爾·羅傑斯進一步強調，自我概念比真實的自我更能影響個人行為與人格發展。因為自我概念是一套個人對自己的認知系統，包含對自身能力、人格特質、角色定位等的認知與評價。一旦形成穩固的自我概念，人就會依照這種對自

己的認知來做出行動與決定。

因此,一個正向的自我概念能促使個人不斷追求成長,而一個負向的自我概念則容易限制個人的發展,甚至阻礙自我實現。自我概念並非一成不變,透過覺察並調整,我們可以讓自我概念更接近真實自我,並實現持續的個人成長。

幸福指南

生活中常見一些人明知自己有缺點,卻始終不願意改變,為自己找藉口,或是認為自己已是成年人,早已成熟,內心不再需要成長。這種態度其實相當普遍,但也極為可惜,因為這無疑是一種自我設限,最終受到傷害的是自己。

想要內心真正成長,我們首先要注意自己內心經常浮現的那些「逃避式」用語,並且立刻提醒自己修正:

把「那就是我」改為「那是以前的我」;

把「我沒辦法」改為「只要努力,我可以改變」;

把「這是我的本性」改為「這是我以前的本性」。

停止這種負面的自我定義,不要自設框架、畫地自限。

建立正向自我概念的關鍵,是要對自己有全面客觀的認知,並且積極悅納真實的自己。這種正向自我概念不僅能促進個人成長,也能提高生活的滿足感與幸福感。

羅傑斯指出:「正向的自我概念意味著對現實自我的完整

認知,以及不斷接納和完善自我的正面態度。」這種正面態度包含兩個面向:全面客觀的自我認知,以及積極悅納自我。

以下分別說明這兩方面的實踐方式:

一、全面客觀的自我認知:

1. 積極參與社會交流

要認知真實的自己,必須多參與社會互動,透過人際交流充分展現自我,從中了解自己的優缺點。社會心理學家喬治・賀伯特・米德(George Herbert Mead)指出,自我概念是在社會互動中形成的,透過與他人的交流,我們才能更客觀全面地了解自己。

2. 善用社會比較策略

透過與他人比較來了解自己,是人類的自然傾向,但必須善加運用。社會比較時應該全面考量每個人的起點,例如家庭背景、智力水平、個性特質等因素。避免不合理的攀比,採用綜合而客觀的角度,才能有效建立正向的自我評價。

3. 留意他人對自己的評價

社會學家查爾斯・庫利(Charles Horton Cooley)提出的「鏡中自我」(Looking-Glass Self)理論強調,個體的自我概念很大程度是從他人對自己的態度與評價中形成的。雖然別

人對我們的評價會因人、因時而異,但我們若能綜合這些評價,就能更客觀地了解自己,並從中調整自我觀念,促使自己不斷進步。

二、積極悅納自我:

積極悅納自我意指能夠全面、無條件地接受真實的自己,不論是好的或壞的,成功的或失敗的,都要坦然面對。這意味著我們應理性平靜地看待自己的優缺點,以正向發展的眼光接納自己,避免自欺欺人或逃避,更不要陷入自責、自憐,甚至自我否定的情緒之中。

積極悅納自我的人,能從內心建立真正的自信、自立、自主,從而不斷更新自己,邁向成長。

然而,在現實生活中,是否能夠積極悅納自我,不僅與自我認知是否全面有關,也和個人的抱負水平密切相關。若個人設定的理想自我和現實自我差距太大,就容易出現挫折與拒絕自我的傾向(如自卑、焦慮甚至自我傷害)。因此,抱負設定應切合現實,短期目標與長期目標需協調配合,循序漸進,逐步達成自我實現的目標。

不用花錢就可以消除壓力

生活視角

近年來,「累」這個字彷彿成了現代人的流行語,更成為一種時代病,廣泛流行於各個年齡層、各個行業之中。

你的工作步調是否太快?

你的工作時數是否太長?

你所背負的責任是不是超出你的能力範圍?

你是不是已經很久沒有時間打給朋友,或與家人好好聚聚,甚至連性生活都成為週末固定的義務之一?

你期待放假,但假期只要超過兩天,又會感到莫名的焦慮?

即使如此,你內心還是充滿了各種擔憂:擔心沒跟上潮流而不停進修充電;期待升職卻也害怕失業;渴望改變卻又害怕改變;期待未來卻又憂慮未來。

你一心追求財富,卻總覺得錢永遠賺不夠,而健康卻悄悄地離你而去。

你的通訊軟體狀態經常設為「忙碌」,越是忙碌的人,似乎就越難停下來喘息。這種無法言說的疲憊,就是現代人典

第 1 章　自我心理學：驚喜地發現自己的寶藏

型的心累。

你可能聽過「倦怠症候群」（Burnout Syndrome），它的表現就像持續運轉的馬達突然間燒壞，令人瞬間失去所有動力。這種症狀常表現為焦慮、健忘、人際疏離，甚至連性生活也提不起興趣。美國社會心理學家克莉絲緹娜・馬斯拉奇（Christina Maslach）指出，倦怠症候群是由於個體長期在高壓環境下，身心耗竭所導致的一種情緒與生理的綜合狀態。

王太太來到心理諮商室時，顯得焦慮且憂傷，她懷疑丈夫有外遇，甚至可能即將離開她。這對年近五十的她而言，是一個極大的打擊。

幾年前，王先生離開原本穩定的企業，與朋友共同創業，歷經兩年多的努力，公司逐漸在業界站穩腳步。但伴隨事業的發展，王先生的生活節奏變得異常緊湊，經常出差、應酬到深夜，甚至整晚不歸家。由於丈夫回家時間越來越晚，王太太心中升起疑惑，以為丈夫有了外遇，一度鬧到公司，引發了不小的風波。

經過王太太深入了解，才確認王先生並沒有出軌，只是工作壓力過大所致。她試圖彌補先前的誤會，關心丈夫的健康，但丈夫總是抱怨各種身體不適，最後甚至選擇分床睡覺。夫妻倆的關係陷入冰點，分居近三個月，王太太內心感到無比恐慌，認為自己已經盡力補償，卻無法獲得丈夫的諒解。

後來，在王太太的努力勸說下，夫妻倆一起接受了心理諮商。在諮商過程中發現，王先生根本沒有離開妻子的念頭，他只是因為工作壓力過大，身心疲憊，暫時無法再投入家庭與情感關係之中。

從這個例子可以看到，原本美滿的家庭幾乎因為壓力與疲勞引發的誤解而面臨破裂的危機。可見，長期積累的壓力和身心倦怠，不僅影響個人的健康，更可能波及家庭生活，讓原本幸福的家庭蒙上陰影。

心理層面

壓力

壓力並非只是心理上的感覺或想像出來的疾病，而是人體對於潛在威脅或危險的一種自然反應，心理學稱為「戰鬥或逃跑反應」（Fight or Flight Response）。當我們察覺到某個情境、人或事物可能帶來威脅時，大腦會自動啟動這種反應機制，分泌出如腎上腺素等激素，迅速透過血液傳送至全身。

當這些激素流經心臟、肺部和肌肉等重要器官時，身體就會立即產生特殊的生理反應，包括心跳加速、呼吸急促、肌肉緊繃準備隨時行動。同時視覺和思維也會變得更加敏銳，以快速應對外界的威脅。

然而,如果身體長時間處於這種「備戰狀態」而無法適當放鬆,累積的壓力將會造成身體持續緊繃不安,產生慢性焦慮與疲勞,最終可能導致情緒崩潰、健康惡化,甚至引發更嚴重的心理與生理疾病。

幸福指南

現代人生活壓力沉重,尤其在背負房貸、養育子女的同時,公司又缺乏員工心理協助計畫(EAP),且沒有多餘資源與時間進行心理諮商或健身時,該如何讓自己保持內心活水的流動狀態?這時不妨嘗試簡單易行且隨時隨地可進行的自我催眠法,幫助身心快速放鬆。

心理學家彌爾頓・艾瑞克森(Milton Erickson)指出,催眠並非神秘現象,而是一種透過心理暗示促使潛意識產生變化,進而達到身心放鬆的心理技巧。特別是「自律訓練法」(Autogenic Training)不僅簡單有效,更能廣泛應用於日常生活中,幫助你緩解壓力、調整身心狀態。

自律訓練法的七個步驟

每次自我催眠建議從短時間開始,每天可規律進行二到三次,每次約五至二十分鐘。具體步驟如下:

一、手腳沉重

閉上眼睛，讓身心完全放鬆，然後在內心默念：「右臂很沉重，很重……」，接著再默念「右腳很沉重，很重……」，如此逐漸推進到左臂和左腳。每個部位集中注意力約二十到三十秒鐘，練習一到兩週後效果明顯。

二、手腳溫暖

感覺到手腳沉重後，再暗示自己：「右臂很溫暖，很暖和……」、「右腳很溫暖，很暖和……」，接著分別進行左臂和左腳，每部位約二十到三十秒鐘，讓身體感到溫暖舒適。

三、調整呼吸

此階段以整體的方式進行暗示：「雙臂很重，很重」、「雙腳很重，很重」、「雙腳很溫暖，很溫暖」，然後緩慢調整呼吸，心中默念：「呼吸平順、緩慢又輕鬆」。練習一到兩週後，呼吸自然變得更深更穩定，精神狀態也會明顯提升。

四、調整心跳

進一步調整心臟狀態，默念：「心跳安靜而規律，強而有力」。此練習較有難度，可先用右手輕放胸口感受心跳，再進行暗示約二十到三十秒鐘，持續練習一到兩週可見明顯效果。

五、腹部溫暖

暗示自己：「腹部溫暖舒適，胃部周圍感覺很溫暖」。集中注意力在腹部（丹田）約二十到三十秒鐘，能有效舒緩緊張與焦慮。

六、額頭涼爽

這是較高階的練習，可暗示自己：「額頭感覺很涼爽，像有微風吹拂般清涼舒適」。由於此階段較難，建議反覆多次進行暗示，可額外想像「微風吹在額頭上很舒服」，持續一至三週，會逐漸掌握。

七、自我覺醒

完成上述步驟後，需從催眠狀態中自我喚醒，方法是心中默數三個數字，並告訴自己：「我現在感覺很好，要清醒過來了。」此步驟雖簡單但非常重要，能避免醒後頭痛或不適。

自律訓練法不僅在家可進行，即使在公司裡，短暫休息時也可坐靠椅背進行放鬆。若擔心自己進行練習時無法集中注意力，也可以透過網路尋找適合的催眠音樂或引導語音，戴上耳機即可輕鬆進行練習，達到更佳效果。

經常練習此種自我催眠法，不僅能有效紓解壓力，還能幫助你保持良好的身心狀態，提升工作效率與生活品質。

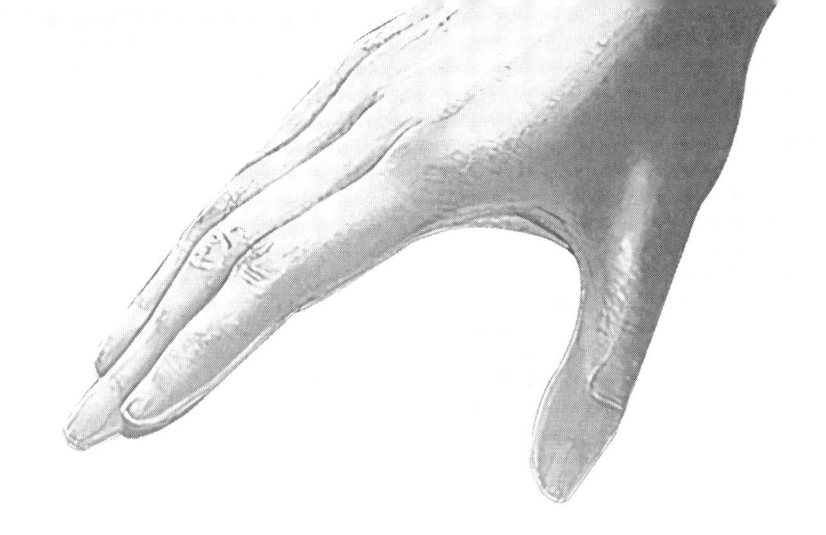

第 2 章

工作心理學：
為上班族做的心理 X 光

第 2 章　工作心理學：為上班族做的心理 X 光

為何職場新人總是被冷落，還得經常受委屈？

生活視角

對每位職場新鮮人來說，上班第一天都是人生中特別重要的時刻。然而，很多新人對職場有很高的期望，卻往往面對冷漠甚至不友善的對待，心理上感到極大的落差與挫折。一間心理諮商中心曾經舉辦了一場免費的公益諮詢，專門為初入職場的新人提供心理支援。僅僅一個上午，就有許多年輕人打電話來訴說他們的挫折。

有人提到：「因為第一天上班，我一大早就起床，穿上最正式的套裝，滿懷信心地走進公司報到。但人資經理把我送到廣告部後就不再理會我，廣告部的同事也沒有人主動向我打招呼。最後還是主管開口了，卻只是叫我幫大家訂便當、影印文件⋯⋯我頓時感到非常失落，好像自己根本不被需要。」

也有人表示：「我一開始抱著積極主動的心態，常常向同事請教問題，可換來的卻是冷漠的態度，甚至主管還特別提醒我：『能自己解決的事就別問別人！』我感到挫折萬分，本來很開朗的性格也變得沉默寡言，現在除了主管交辦的事，

我一句話都不想多說了。」

還有一位新鮮人講述:「我剛進公司,對每個人都很尊敬,看到資深的前輩便主動喊『前輩』,結果經理卻告訴我,公司規定一律直呼名字。我非常不適應,甚至遭到其他同事的嘲笑,覺得尷尬又無助。」

這些狀況,相信很多人都曾經歷過,也不難理解這些新鮮人內心的失落與沮喪。然而,我們可以從下面的故事獲得一點啟示:

湖邊原本有兩棵樹,一棵很粗壯,一個人環抱不住;另一棵卻僅如手臂般細小。工人在清理湖邊淤泥時,將這兩棵樹鋸掉了,岸邊只剩下兩個樹樁。

有一天,一名園藝工人打算將樹樁挖掉重新植樹,一位散步的老人卻說:「大樹不敢保證,小樹一定能活。」工人聽完便離開了。果然,一年後,小樹樁已經長出粗壯的枝條;大樹樁雖然也抽出許多嫩芽,卻雜亂如灌木叢。園藝工人為了讓大樹樁長出粗壯的枝幹,砍去多餘枝條,卻始終沒有成功。三年後,大樹樁上的最後一枝也枯萎了,終於完全死去。

後來,園藝工人再次遇見了那位老人,老人說:「樹和人是一樣的道理。年輕時就經歷挫折的人,反而是幸運的,因為他們還有重新再來的時間,可以及早調整、勇於嘗試,最

終成為有用的人才。但若到了中年才遇到困境,就很難再有精力重新開始了。」

這個故事值得職場新鮮人好好思考。工作初期經歷的冷遇與挫折,其實是許多公司慣用的「蘑菇定律」(Mushroom Management)管理方式。公司往往將新鮮人置於陰暗的角落,不受重視,甚至給予無端的批評指責,目的是觀察新人的抗壓性,並在無形中培養他們的韌性與適應能力。

因此,職場新鮮人不必因為起步的冷落而失去信心。試著調整心態,把眼前的困難視為磨練自我的過程,最終將能走出陰影、展現自身價值。

心理層面

職場新鮮人的「蘑菇定律」

所謂的「蘑菇定律」(Mushroom Management)指的是初入職場的新鮮人,往往像蘑菇一樣被擺在陰暗的角落(不受重視、做些跑腿打雜的工作),而且還要不斷接受「澆水施肥」(無端的批評、責難、甚至代人受過)。他們缺乏必要的指導或提攜,經常處於放任自流的狀態。這種現象幾乎是每位職場新人必經的階段,正如蘑菇在成長過程中需要經歷黑暗與潮濕一樣,因此也被稱為「萌發定律」。

蘑菇定律最早源自 1970 年代美國一群年輕的電腦程式

設計師的自嘲。他們發現剛從校園畢業的新人很難立即融入職場環境,而主管們卻往往把他們晾在一旁,讓他們自生自滅。這些年輕工程師自嘲為「蘑菇」,久而久之,「蘑菇定律」就被用來形容職場新鮮人所遭遇的共同困境。儘管這個定律的說法稍嫌誇張,但其中蘊含的職場心理卻值得深入思考。

實際上,「蘑菇經歷」對新鮮人來說,有以下幾個重要的成長意義:

首先,能消除新鮮人不切實際的幻想。許多剛踏入職場的人,尤其是在校園裡表現優異的菁英,總認為自己一開始就該被重視與重用。但事實上,由於缺乏實務經驗以及承擔重任的能力,這段初期的磨練可以讓新人逐漸調整自己的期望,變得更務實、更成熟。

其次,有助於避免新人過於自負與驕傲。職場新人常期待完成一點任務或取得一些成績後,就能得到主管或同事的肯定。但實際上,並非所有的表現都能立刻被注意或肯定。這種情況能幫助他們去除沾沾自喜的心態,學習踏實、耐心地面對工作,避免因一時的小成就而自滿。

最後,蘑菇經歷能加速年輕人適應職場環境的步伐。在職場上,除了具備專業知識與技能外,更需要良好的社交能力與適應力。那些工作能力強且積極主動的人,通常都有共同的思考模式與行為準則,而新人是否能成功適應這些「潛規則」,往往取決於初期的「蘑菇階段」。因此,這段看似艱

難的時光，其實有助於新鮮人更快地掌握職場遊戲規則，建立職業韌性，從而更好地融入社會。

幸福指南

對剛踏入職場的新鮮人來說，「蘑菇經歷」並非完全負面，許多重要的成長機會往往藏在看似枯燥乏味的工作中。倘若一開始就無法忍受這些單調、繁瑣的小事，那麼你可能永遠也無法得到真正的提升與發展機會。年輕人只要能調整好自己的心態，從這段職涯初期的經歷中汲取養分，最終一定可以從「蘑菇」成長為職場中的「靈芝」。

那麼，「蘑菇」要如何才能更快速地成長呢？以下提供幾個有效建議：

一、注意個人形象，展現職場專業

新人首先要注意自己的外在形象，暫時收起平常穿的運動休閒服，改穿適合公司環境的正式服裝，提升專業感與可信度。因為你的外在形象若顯得過於稚嫩或隨意，別人自然會認為你無法承擔重要任務。此外，服裝風格能影響個人在群體中的歸屬感，即使一開始你不習慣公司文化的穿衣風格，也最好先跟著公司氛圍走，把喜歡的休閒服裝留到週末再穿。

二、多聽少說，沉穩踏實

初入職場，切勿急於表現自己，更不要急功近利，以免被同事視為威脅或競爭者。剛開始工作時，因為對公司內部人際關係不熟悉，一定要多觀察、多傾聽，少發表主觀意見，待自己有更清晰的了解之後，再逐步表現才智。

三、隨時注意職場禮儀

職場新人需要注意禮貌，保持微笑並學習各種應對進退之道，例如待客禮儀、交換名片的方式、電話禮儀及日常溝通技巧。這些都是基本的職場素養，若不留意，輕則讓自己成為公司內的「異類」，重則可能導致公司形象受損。此外，待人接物應謙虛有禮，不卑不亢，即便是公司內的清潔、保全人員，也應給予尊重。

四、適時展現自己，避免「蘑菇」太久

如果你當「蘑菇」的時間過長，可能逐漸被同事視為能力不足。因此，職場新人應積極尋找適當機會，主動在會議中發言，適時展現自己的想法與成果。此外，也要勇於接受變化、適度冒險，同時避免承接自己無法勝任的任務，並養成即時回報工作的好習慣。

五、重新定位自己，聚焦發揮優勢

當發現自己「蘑菇」狀態持續太久，就應重新定位自身能力與發展方向。世界上沒有全能的人才，每個人充其量只能在一兩個領域真正成功。因此，你必須集中全身能量，找到最適合自己的方向，專注投入，才能發揮最大潛能，從而擺脫「蘑菇」的狀態。

總之，要儘快擺脫職場「蘑菇」命運，新鮮人不妨參考以下幾個要點：

不要過度擔心別人怎麼看你；

隨時給予自己激勵與肯定；

在適當的場合勇於表現自己；

累積並總結經驗，加速自身成熟；

找到自己明確的職涯定位；

持續學習，不斷提升能力；

多做實事，少抱怨；

自動自發地完成工作。

當工作成為一種上癮 ——
你是哪種「工作狂」？

生活視角

　　雖然社會上常見年輕才俊因為工作壓力過大而猝死的新聞，但每天熬夜加班的人卻依然越來越多。這種「工作狂文化」在當代社會中非常普遍，「工作狂」甚至被視為一種不帶負面觀感的上癮行為。

　　過去，在日本、台灣以及其他許多國家的社會觀念中，「工作狂」通常不被視為負面詞彙，反而被視為認真負責、積極進取的象徵。許多企業主管更認為工作狂「忘我工作」的態度不僅為公司創造巨大效益，還能激勵其他同事，因此工作狂通常成為主管重用和欣賞的對象。但事實上，心理學家指出，「工作狂」是一種心理異常的狀態，在企業的中低階管理人員中特別常見。

　　工作狂和熱愛工作的人有根本的區別：

　　工作狂通常並非真正熱愛工作，而是把工作當成一種逃避現實或獲得心理安全感的方式。他們強迫自己完成每項工作，追求「完美」，一旦出錯就感到羞愧、焦慮，且往往拒絕他人的幫助。

第 2 章　工作心理學：為上班族做的心理 X 光

熱愛工作者則能從工作中得到真正的快樂，面對錯誤能坦然接受並迅速修正，同時注重與同事、主管的溝通協調，工作效率與品質也遠高於前者。

小雪與丈夫共同經營兩家零售店，家中有個五歲的孩子，但孩子卻很少見到媽媽，因為小雪總是忙到不可開交。她的口頭禪是：「我的生活以十五分鐘為一個單位，我喜歡分秒必爭的感覺。」

孩子的奶奶經常抱怨：「她回家後還是一直在工作，甚至連房門都不願打開。孩子想媽媽，卻總是見不到她。」

小雪內心也感到愧疚：「當有人提醒我不是個稱職的母親時，我很難受，但真的沒辦法，我放不下手邊的工作，也無法放心交給別人做。」

常見的工作狂類型分析：

一、無事可做型

這類型的人通常缺乏工作以外的生活樂趣，沒有明顯的興趣或人際關係，生活單調乏味，寧願在公司加班也不想回家獨處。對他們來說，工作可能不是興趣，而只是無聊生活的替代品。

二、逃避現實型

這類工作狂將工作視為逃避現實問題的手段，可能是生活中的失意、挫折或自卑感迫使他們選擇瘋狂投入工作。他們只有在忙碌工作時才能暫時忘記煩惱、重建自信，尤其是失戀或遭遇家庭問題的人，容易成為此類型的工作狂。

三、事必躬親型

這種工作狂通常不太信任他人，事無大小都得親自處理，導致必須長時間工作。他們常擔心一旦休假或離開公司，事情就會出狀況，因此無法安心休息，上述的小雪就是這種典型。

四、渴望認同型

這類工作狂持續地以工作建立自我價值感，希望透過努力得到他人的認同。他們往往將生命價值完全建立在工作成就上，忽視了個人生活和家庭關係，認為只有在工作上取得成功，生命才有意義。

五、無可奈何型

這類型的工作狂並非出自自願，而是被整體企業文化影響。當整個公司的風氣都是加班文化，上司帶頭留下加班時，下屬也很難按時下班，即使內心不願意，也只能跟著大環境工作到深夜。

六、童年影響型

心理學研究指出，「工作狂」的形成與童年教育有密切關聯。約有八到九成的工作狂在童年時代接受過嚴格的家教與過高的期待，父母一旦發現孩子稍有不足就予以嚴厲的指責，甚至處罰。長此以往，孩子在成年後容易透過工作上的成就感來彌補童年的缺失，逐漸形成工作狂的傾向。

一位廣告公司總監曾這樣描述自己的工作狂狀態：「我覺得身體裡有個黑洞，我只能不斷透過工作來填滿它，但黑洞卻一直從我身上吸走越來越多的精力與快樂。」

事實上，工作狂並非天生就熱愛工作，而是心理上出現了問題。即使原本懶散的人，也可能在逃避情感、焦慮未來的情況下，把自己埋進工作，變成工作狂。這種行為不僅使親密伴侶感到失望，也可能疏遠孩子，甚至導致家庭破裂與離婚。

因此，適度地檢視自己的工作行為，找回生活與工作的平衡，才是避免陷入工作狂漩渦的最佳方式。

心理層面

工作成癮症

工作狂是一種心理上的依賴症候群，也稱為「工作成癮症」（Workaholism），是對工作的過度沉迷和依賴，屬於非

物質性的心理成癮。工作狂通常表現為工作時數遠遠超過一般標準，且極端投入，以至於忽略自身健康和家庭生活。這種現象之所以被稱為「成癮」，是因為當工作者過度投入工作時，大腦會分泌出一種名為「腦內啡」（Endorphin）的神經傳導物質，讓人感到興奮和滿足，就如同物質成癮者對藥物的依賴一般。長此以往，將導致心理與生理嚴重失衡，造成焦慮、憂鬱甚至各種身心疾病。

幸福指南

如果你察覺自己已經成為「工作狂」，不妨試試以下幾個方法，讓自己重新找回工作與生活之間的平衡：

一、養成明確的「下班儀式」

下班前 10 分鐘整理當天完成和未完成的任務，列出明天要處理的事項，這樣你才能安心離開辦公室。下班後，務必提醒自己完全切斷工作狀態，專心享受私人時間，不再思考工作上的煩惱。

二、列出「減壓工作表」

將手頭所有工作進行整理，列出優先順序，將非緊急或不必要的任務減少或延後，適度將工作委派給同事，減輕自身壓力與負擔。

三、建立與工作無關的興趣

業餘時間應盡可能從事與日常工作差異較大的活動,例如從事靜態工作的,可以進行戶外運動;若平時已經從事動態或體力工作,則可培養閱讀、藝術欣賞或手工藝等靜態的興趣。透過與工作截然不同的活動轉移注意力,降低壓力感,促進身心平衡。

四、調整內心對工作的價值觀

重新檢視自己的工作動機。許多工作狂總是以「為了家人更好的生活」作為藉口,實則忽略了真正家庭關係的維護。建議從更長遠的角度重新思考,長期過度工作是否真的能讓家人幸福?或是只是個人的逃避?重新檢視價值觀,才能找回內心真正想要的生活。

五、享受生活當中的微小快樂

嘗試放慢腳步,享受日常的小事,例如陪伴家人用餐、與朋友談天、觀看美麗的風景,或者僅僅是陪伴孩子或寵物遊戲,這些都能讓你感覺生活更豐富而充實,也能紓解過多的壓力。

六、降低完美主義傾向

工作狂通常過度追求完美,然而,這種過度要求完美的心態卻會讓你無法真正放鬆。試著降低一點自己的標準,學

習接受工作中的不完美，這樣才能減少心理負擔，避免長期處於焦慮之中。

　　掌握以上的方法，就能逐漸擺脫工作狂的心理陷阱，重新找回屬於自己的輕鬆自在生活，讓工作不再成為束縛，而是人生更充實的一部分。

第 2 章　工作心理學：為上班族做的心理 X 光

典型職場焦慮：老闆恐懼症

生活視角

　　你是否也曾經歷這樣的情景：只要和老闆說話就會莫名緊張、不敢直視他的眼睛；每天上班希望能避開老闆，能不碰面就不碰面；手機一響就心跳加速，擔心又是老闆來電；被老闆叫去談話總是膽戰心驚、說話發抖，甚至渴望趕快下班逃離這種壓迫感？若你也經常處於這種狀態，很可能患上了典型的職場焦慮症──「老闆恐懼症」。

　　在知名的「職場 PTT」論壇上，有位網友以「職場小透明」為名分享了自己的遭遇。他說自己畢業後進入一間小公司，因為公司人少，他必須經常和老闆直接相處。這位老闆個性嚴肅，不苟言笑，本來就內向的「職場小透明」因此感到格外壓抑。有一次，他處理資料時不小心弄錯了一個數字，被老闆當眾嚴厲指責，從此之後他就更怕和老闆接觸了。

　　最初是頭痛、胃痛，後來甚至只要想到與老闆獨處的場景，身體就會出現強烈不適。每天在公司焦慮不安，不敢跟其他人交談，下班時間一到就立刻逃離。他想過辭職，但又害怕這個問題無法根治，即使到了其他公司，也無法克服這種恐懼感。

這篇貼文一出，引發了廣大迴響，許多人表示深有同感，分享各種類似的職場恐懼經驗，可見「老闆恐懼症」在現代職場中十分普遍。

一般來說，導致「老闆恐懼症」的原因主要有以下幾種：

第一種是性格因素。天生較為敏感、內向且容易緊張的人，更易出現這種恐懼情緒。此外，若從小被家長嚴厲管教，成長後對權威人物也會容易產生畏懼心理。

第二種是壓力因素。當一個人長期無法有效解決職場壓力，就容易轉化為對直接上司的恐懼與排斥，從而陷入焦慮的惡性循環。

第三種則是生理因素。根據美國哈佛大學精神醫學教授麥可・范・亞美林根（Michael Van Ameringen）2021 年的研究顯示，社交恐懼症的成因之一就是腦中血清素（Serotonin）失調。血清素是一種影響情緒的神經傳導物質，一旦失去平衡，就容易使人產生恐懼、焦慮等負面情緒。

若這種恐懼情緒無法及時緩解，會嚴重影響工作效率，導致與老闆之間的關係更緊張，逐漸對工作產生排斥甚至逃避的心理，最終可能走上頻繁換工作的逃避之路。這種惡性循環，長期下來會嚴重損害個人職涯發展。

所幸，「老闆恐懼症」作為典型的社交焦慮症狀，是可以透過專業的心理治療有效改善甚至痊癒的。然而，由於目

前台灣的心理諮商仍未完全普及,加上傳統觀念影響,不少人,特別是男性,認為接受心理治療是示弱的表現,往往一再逃避,反而讓恐懼症狀更加嚴重。結果就是他們不斷地換工作,找盡各種理由逃避現實:「這個老闆不好相處」、「那個主管太嚴厲」,人生因此一再陷入無盡的惡性循環之中。

心理層面

社交恐懼症

「老闆恐懼症」實際上是社交焦慮症(Social Anxiety Disorder)的一種典型表現。根據美國心理學會(American Psychological Association,APA)的定義,社交焦慮症是個體在面對社交情境或需要互動的場合時,產生過度且不合理的恐懼感,擔心自己的行為或表現會受到他人的批評或嘲笑。患者通常表現出臉紅、心跳加速、口乾舌燥、出汗,甚至出現胃痛、頭暈等生理反應,嚴重者甚至無法正常上班或進行日常社交活動。

「老闆恐懼症」與一般社交焦慮最大的不同點在於焦慮的對象明確限定為工作中的權威人物。根據美國精神醫學會的《精神疾病診斷與統計手冊》(DSM-5;*American Psychiatric Association, 2013*),職場中的權威人士(例如主管、老闆)會被視為具有高度評價性威脅的對象,特別容易引發社交焦

慮。這往往與童年經驗有密切關係，例如成長過程中父母過於嚴格，導致成年後對權威人士過於敏感，從而加劇焦慮反應。

幸福指南

如何擺脫老闆恐懼症的陰影？

1. 坦然面對自己的緊張與焦慮

面對權威人物感到焦慮是許多人都會有的反應，並不是你一個人的問題。首先要接納這種焦慮的情緒，告訴自己：「我現在感覺到焦慮，這沒關係，焦慮是正常的。」一旦你願意接受自己的情緒，緊張感會逐漸降低。

2. 避免負面標籤自己

不要將自己貼上「害怕老闆」或「不擅社交」的標籤。這種自我定義會加強你焦慮的情緒，讓問題惡化。嘗試告訴自己：「我日前對老闆有點緊張，但我可以慢慢改善。」

3. 改變與老闆溝通的認知

許多「老闆恐懼症」患者認為接近老闆就是拍馬屁，或總是擔心與老闆接觸會被誤解。實際上，主動與老闆溝通是正常且必要的職場行為，調整這種錯誤認知，有助於改善心理障礙。

4. 提升自身的溝通技巧

在與老闆的溝通前，先做好充分準備，理性清晰地表達自己。心理學研究指出，當人感覺有充分的準備時，自我效能感會提升，有效降低焦慮的情緒。盡量選擇自己較為熟悉且有把握的議題與老闆溝通，逐步建立自信。

5. 逐步進行暴露練習

透過逐漸增加與老闆互動的機會，讓自己慢慢適應與老闆相處時的焦慮感。可以從簡單的打招呼、回覆郵件開始，逐漸發展到面對面談話、主動報告工作進度。這種「系統脫敏法」（Systematic Desensitization）有助於降低焦慮反應。

6. 從生理上放鬆

焦慮會伴隨生理反應，學習一些深呼吸、肌肉放鬆或正念冥想技巧，降低焦慮的生理反應，也能有效緩解症狀。

透過以上步驟，有意識地調整自己與權威人士相處的認知與行為，你將逐漸能擺脫「老闆恐懼症」，使工作更有效率，也更快樂自在。

頻繁跳槽的心理代價：壓力症候群

生活視角

職場上換工作本來是件很正常的事情，但有些人頻繁跳槽，甚至一年內換了三、四份工作，總覺得下一份工作一定會更好。然而，這種無止境的換工作，不僅無法讓人真正感到滿足，反而可能讓自己陷入越跳越焦慮的惡性循環中。

跳槽可以區分為三種類型：第一種是有明確自我定位的人，他們已經做好充足準備，理性地選擇新工作以迎接挑戰；第二種則是原公司發展前景不佳，不利於個人未來，只能無奈跳槽；而第三種則是沒有明確方向，單純為逃避現狀而頻繁跳槽的非理性跳槽者，這類人很容易陷入心理上的惡性循環，最終導致「壓力症候群」的出現。

以國際某跨國企業的職員愛瑪為例，她自從 2020 年大學畢業至今，已經在不同的公司換了四個職位，但她始終覺得不滿意，每次都期望新工作會更好。然而每次跳槽後，她的滿意度持續降低，心理壓力越積越多，出現了失眠、易怒和焦慮不安等症狀。愛瑪意識到自己已陷入尋找 —— 厭倦 —— 逃避的循環中，工作能力與社交狀態都受到影響。

壓力症候群是當代社會因競爭激烈和工作節奏快速所引

發的心理反應。美國心理學家拉薩魯斯（Richard Lazarus）提出的「壓力認知評估理論」指出，當個體無法有效評估與應對生活壓力時，會出現情緒失調和行為異常。若持續無法有效調適，將導致病理性壓力反應，例如：工作厭倦、情緒低落、記憶力衰退，甚至出現器質性病變，如胃潰瘍或心血管疾病。

面對這種狀況，心理學專家建議應先對自身狀態做出清楚評估，並理性思考是否真需要換工作。其次，可尋求家人或朋友的支持，進行適當的心理宣洩；同時培養多元興趣，避免將生活重心完全放在工作上，避免陷入單一自我評價的壓力來源。

另外，透過專業心理諮商，可以幫助個體找出自身心理盲點，進而提高壓力承受力。心理學家指出，頻繁的工作更換背後往往伴隨著對自我的高度懷疑與過度期待，應培養出「適應能力」而非「逃避心態」，這樣才能在職場上找到真正的平衡。

跳槽本身並非壞事，但若成為習慣性的逃避模式，便會帶來沉重的心理壓力。唯有理性面對、積極調適，才能打破跳槽與壓力惡性循環，真正實現職涯與個人發展的正向成長。

心理層面

壓力反應

個體在遭受各種有害刺激時，身體會產生一連串反應以對抗這些刺激，此過程被稱為壓力反應。當外界刺激發生時，大腦皮質會先進行分析與判斷，接著促使腎上腺皮質激素及糖皮質激素分泌增加，引發身體的全面性反應，以便抵抗外來的壓力。

壓力反應本身並非完全負面。若刺激的強度、頻率與持續時間皆在個體可承受的範圍內，反而能提高個體的適應能力與抗壓性。但若外界的刺激過於激烈或長期反覆，導致超出個體的承受極限，就會引發病理性損害。

當壓力超出個人所能承受的程度，就會出現各種病理性症狀，例如長期失眠、持續疲勞感、身體乏力、食慾不振、情緒煩躁不安、精神難以集中、記憶力減退、性功能下降，以及莫名的低燒等。然而，這些症狀通常在醫院檢查時，卻又查不出明顯的器質性疾病，這種情況稱為「壓力症候群」。

若壓力症狀持續且未獲有效紓解，則可能發展成更嚴重的健康問題，例如胃潰瘍、心肌梗塞，進一步影響內分泌系統與免疫功能，對個體的心理與行為造成長期且深遠的負面影響。

因此，在面對長期或激烈的壓力刺激時，應及時透過有效的紓壓方法或專業心理諮商，避免壓力反應惡化成慢性壓力症候群，進一步損害個人健康。

幸福指南

當你內心產生「不想再繼續這份工作了，我要換工作」的念頭時，先試著緩下心跳，冷靜地思考自己跳槽背後真正的理由。很多職場新人因為稍微遇到一點挫折，就覺得自己懷才不遇，認為跳槽就能解決所有問題。其實，在做出換工作的決定前，務必認真評估自己是否基於理性考量，避免因情緒衝動而做出盲目的決定。

在決定換工作時，除了思考下一個工作是否更符合個人的期待，更需評估自身的心理承受能力。薪資待遇固然重要，但面對新的挑戰與環境，個人是否能承受新的心理壓力，也必須納入考量範圍。

心理學研究指出，「宣洩法」有助於緩解壓力與負面情緒。當你感到鬱悶、壓抑時，不妨與信任的親朋好友傾訴心中感受，經過情緒宣洩後，心情往往會輕鬆許多。

許多人頻繁換工作，是因為被薪資待遇吸引。雖然金錢能衡量部分個人價值，但若將工作目的單純定位於金錢，容易陷入不滿足與斤斤計較的惡性循環中。應著重於提升個人

能力與專業技能，創造更高的價值，這樣才能逐步提高自身的職場競爭力。

個人能力與專業資歷需經過時間累積。即使暫時未得到上司或同事認可，也應保持耐心，持續專注於自己的職務，避免頻繁跳槽而導致資歷空白，影響未來發展機會。

若自我調適無效，應主動尋找心理諮商專業協助。每個人的心理反應模式皆有盲點，專業的心理諮商可協助你了解自身的盲點，提升心理健康程度與抗壓能力。

事實上，許多工作壓力問題源自溝通不暢或自我心理調適不當。頻繁跳槽不僅無法真正解決問題，還會導致資歷難以累積，進而影響職涯發展。因此，與其輕率地換工作，不如先從心理上調適，找到工作的樂趣與價值，為未來穩定的職涯發展奠定良好的基礎。

第 2 章　工作心理學：為上班族做的心理 X 光

要如何找回對工作的熱愛：職業倦怠症

生活視角

不管是剛踏入職場的新人，還是工作多年的資深上班族，都可能對目前的工作感到厭倦、疲累，甚至質疑自己是不是走錯了方向。這種對工作的厭煩心理，被稱作「職業倦怠症」。職業倦怠並不是單純的疲勞，而是一種長期處於高壓環境下身心枯竭的狀態，通常表現為對工作的負面態度、對自我的否定，甚至想要逃避一切責任。

職業倦怠若不及早處理，很可能會影響到個人的身體健康與心理狀態。研究顯示，持續的倦怠狀態會導致免疫力下降、情緒低落，甚至誘發憂鬱症或焦慮症。最終不僅工作表現下滑，也可能影響家庭與人際關係，讓人陷入嚴重的負面循環。

國際職場心理學家馬斯拉奇指出，職業倦怠包含三個關鍵症狀：一是情緒耗竭，二是去人格化（對工作與人際關係漸漸冷漠），三是降低個人成就感，也就是不再相信自己的能力，開始覺得自己毫無價值。這些心理狀態會逐漸削弱工作效率，甚至嚴重影響職業生涯的發展。

2022 年，任職於新加坡一家知名跨國科技公司的產品

經理艾瑞克遭遇嚴重的職業倦怠。工作十年以來,他始終表現出色,但近年來感到工作越來越無聊,甚至連接聽客戶電話、回覆郵件都感到抗拒。由於長期焦慮、睡眠品質不佳,他的情緒變得煩躁易怒,甚至影響家庭關係。經過專業心理諮商後,艾瑞克重新評估了工作與生活的平衡,並轉換到公司內另一個更適合自己的職位,重新找回了對工作的熱情與動力。

心理層面

職業倦怠症

職業倦怠症指的是一種由長期工作壓力所引發的身心耗竭現象。當個人長期承受過重的工作壓力時,心理上會逐漸出現疲憊感,甚至開始對工作感到厭煩,導致工作效率降低、熱情消退。根據馬斯拉奇的研究指出,職業倦怠的典型症狀包括對工作的疏離感、情緒耗竭,以及個人成就感的降低。

容易患上職業倦怠的職業往往是那些需要經常與人群接觸的行業,例如醫護人員、教師、社工、心理師等。根據 2022 年國際勞工組織(ILO)的調查報告顯示,在全球職場工作者中,約有三成的人處於不同程度的職業倦怠中,特別是工作三至五年的年輕族群最為常見。

職業倦怠症的六大表現

1. 身體疲勞感增加

職業倦怠的初期表現是身體持續感到疲憊，即便休息也難以恢復，長期累積後，會影響免疫系統，甚至引發其他疾病。

2. 知識和能力感耗竭

會感到自身所具備的專業知識與能力不足以應對工作挑戰，覺得知識儲備無法滿足日益增加的工作需求，從而產生自我懷疑和挫折感。

3. 情緒耗竭與麻木感

工作熱情消退，開始對事物失去耐心，甚至出現煩躁不安、容易發怒的情形，進一步影響人際關係與家庭生活品質。

4. 價值感降低

容易感覺自己的工作意義下降，缺乏成就感，甚至出現自我否定的想法，認為自己無法勝任，逐漸對自己的工作價值產生懷疑，效率下降，形成惡性循環。

5. 人際關係疏離

對他人的態度變得冷淡，與同事之間互動減少，容易產生猜疑或不信任感，對外界越來越缺乏同理心，進一步影響工作團隊的合作氣氛。

6. 自我傷害傾向

嚴重的職業倦怠者可能會表現出攻擊性或自我攻擊的傾向，例如自我責備、自我傷害，甚至在最嚴重的情況下可能出現自殺念頭。

避免職業倦怠症需要從日常生活做起，平時應培養工作之外的興趣，建立完善的工作與生活平衡機制，同時適當調節心理壓力，透過親朋好友的支持、專業的心理諮商協助，學會積極調整自我認知，才能持續找回對工作的熱情。

幸福指南

職業倦怠症成為現代職場最常見的心理問題之一，許多上班族可能正深陷其中。有研究顯示，每 5 位員工中，就有 1 人處於職業倦怠狀態，這不僅降低了工作效率，更會影響個人的身心健康與生活品質。

出現職業倦怠的徵兆，常包括以下情形：

(01) 經常患得患失，情緒難以平靜。
(02) 注意力無法集中，效率逐漸降低。
(03) 煩躁不安，容易出現身體不適症狀。
(04) 記憶力明顯衰退，甚至出現落髮或失眠。
(05) 工作中遇到小問題也感到特別沮喪或易怒。

如果你已出現以上徵兆，表示你可能已經陷入職業倦怠

第 2 章　工作心理學：為上班族做的心理 X 光

的狀態，但不需過於緊張，只要及早察覺並適當調適，職業倦怠是可以被緩解的。以下提供幾種實用的方法，幫助你重新找回工作的熱情。

1. 找到合適的情緒出口

長期累積的工作壓力若無法釋放，便容易導致倦怠感，因此你需要一個情緒的出口，可以是運動、唱歌，或找信任的朋友傾訴。心理學家羅洛‧梅（Rollo May）提到：「焦慮的情緒若無適當出口，終會影響個人行為。」透過情緒的適當釋放，才有重新開始的可能。

2. 保持心理穩定

有時職業倦怠只是暫時的困境，過於焦慮反而會加劇倦怠感。此時不妨靜觀其變，心理學家卡爾‧榮格認為：「當環境無法改變時，我們唯一能改變的只有自己內心的狀態。」耐心面對當前的難關，等待轉機出現。

3. 尋求伴侶或家人支持

當你陷入職業倦怠時，家人或伴侶的理解和支持尤為重要。心理學家研究指出，家庭與社會支持對於減輕個人職業倦怠的影響至關重要。與家人充分溝通，取得精神上的支援，將有助於你面對挑戰。

4. 建立以自我為核心的職業價值觀

職業倦怠的根源可能是長期將自我價值建立在外界的認可上，尤其許多女性工作者容易受限於社會期望或家庭責任而迷失自我價值。因此，建立自我核心價值，明白自己是為了個人目標而工作，能有效預防倦怠感加重。

5. 參與公益或志工活動

當你感覺職業倦怠時，可以嘗試投入公益事業，例如志願服務。心理學家指出：「當人們找到生活意義，心理狀態就能快速恢復平衡。」透過幫助他人，能找到生活的意義和價值感，進而重新建立對工作的熱情。

6. 調整生活型態

當壓力過大時，不妨暫時轉移注意力，嘗試旅遊或休假。國際職業壓力協會曾建議，定期適度的休息與度假，對於降低職業倦怠症狀有極大幫助，能讓你重新充電後再次出發。

7. 尋找心理諮商的協助

若上述方法都無法有效緩解，尋找專業的心理諮商師進行諮商是個明智的選擇。諮商師會協助你發現內心深處真正的問題，並提供有效的策略幫助你走出倦怠的陰影。

第 2 章　工作心理學：為上班族做的心理 X 光

　　職業倦怠並非無法克服的難題，重新審視工作的價值，並透過自我調適，將能有效緩解身心疲憊的情形。學習主動調整情緒、尋找家人支持、調整生活步調、甚至適時尋求專業協助，最終能讓你重新找回工作的熱情與意義，實現自我價值的真正提升。

知識焦慮症:「考證族」的困境

生活視角

近年來,在職場中,「考證族」逐漸成為一個普遍的現象。許多人為了提升職場競爭力,不斷地追求各種證照與技能,甚至同時報名多個培訓課程。然而,在這種瘋狂追求知識的背後,一種名為「知識焦慮症」的問題,也逐漸浮現並困擾著許多人。

認真工作與學習當然不是壞事,但若過於焦慮地追求證照或知識,將對身心造成極大的負擔與傷害。

以就職於跨國企業的佳琳為例,她擔任企業顧問,平時工作內容複雜多樣,接觸的領域經常超出她原有的專業。為了不斷滿足客戶的需求,她每年都要花大量時間考取新的專業資格證照。短短幾年間,她已經累積了不少相關的證照,包括企業管理師、國際金融分析師及多項語言能力證書。

然而,佳琳雖然深受同事和主管讚賞,她卻在私下透露,丈夫與孩子都覺得她完全忽略了家庭生活。每天回家後,她只想著如何快速完成家事,以便繼續研讀專業書籍或考試資料。某次參加企業內部的心理健康培訓時,佳琳突然察覺到,她的孩子即將上小學,但她陪伴孩子的時間竟然少

得可憐。意識到這一點後，她感到相當內疚，才終於決定暫緩下一張證照的考取計畫，將更多的時間投入家庭。

類似佳琳的情況並非特例。根據 2021 年《哈佛商業評論》的調查指出，有高達六成以上的職場人士表示，隨著職場競爭激烈，他們感到必須不停地進修與考證，以維持自身的競爭優勢。此種心理狀態若持續加劇，將可能演變成所謂的「知識焦慮症」，嚴重影響個人的身心健康與家庭生活。

此外，從心理學角度分析，「考證族」之所以焦慮，背後常常是來自對未來的不安感與自信心不足。職場競爭越激烈，他們的焦慮情緒就越嚴重，甚至出現焦慮症或憂鬱症等病症。

心理層面

知識焦慮症

知識焦慮症，又稱知識強迫症，是焦慮症的一種，主要出現在對知識需求特別高的職場人士中。當人們面對大量資訊時，可能產生無法有效吸收或應用的挫折感，這種情形持續累積就會引發焦慮。

焦慮症是人體在面臨壓力或威脅時的正常心理反應，但如果焦慮持續時間過長或強度過大，就會發展成病理性焦慮。心理學家漢斯・塞利（Hans Selye）指出，人在面臨壓力

知識焦慮症：「考證族」的困境

時，體內會產生一連串的生理與心理反應，例如血中促腎上腺皮質激素增加、糖皮質激素分泌增多，進而導致身體出現疲勞、失眠、煩躁不安、記憶力下降、注意力難以集中等現象，甚至還會伴隨胃潰瘍、心血管疾病等嚴重健康問題。

因此，適當地了解壓力症候群和知識焦慮症的成因，及早進行自我調適，對維護個人的身心健康極為重要。

幸福指南

考證熱潮在現代社會中十分普遍，許多職場人士也投入到考取證照的行列中。他們的動機各有不同，有些是希望能透過考證增加轉職的籌碼；有些則是感受到職場激烈競爭的壓力，為了自保而預做準備。這些人在努力追求證照的同時，白天忙於工作，晚上則挑燈夜戰學習，犧牲了休閒娛樂、社交活動甚至是家庭生活。然而，正是這群積極向上的人，卻特別容易受到所謂的「知識焦慮症」困擾。

焦慮本是人類正常的情緒反應，對知識與未來抱持適當的焦慮，不但可以激發個人潛力，對社會進步也有助益。但焦慮一旦超出一定程度，反而可能成為一種病態反應。當焦慮持續出現兩週以上，且伴隨著精神高度警覺、身心緊繃、注意力難以集中等情況時，往往已成為一種心理疾患，即我們所說的焦慮症。過度的焦慮不僅傷害身心健康，更容易降

第 2 章　工作心理學：為上班族做的心理 X 光

低工作效率，甚至影響正常的人際關係與家庭生活。

許多上班族不斷追求各種證照，主要源於內心的競爭壓力。他們擔心不努力提升自己的技能，便會在職場競爭中落後；然而，這種高度緊繃的生活狀態，常讓他們逐漸失去了日常休閒與人際交往的樂趣，造成孤立感增加、對生活失去興趣，最終影響了原本的工作表現。人一旦陷入持續的焦慮狀態，便很難有效率地處理資訊，反而導致學習效果下降。

此外，很多人的學習目標並不清晰，單純因為周圍的人在學習，就跟著盲從。這種現象在心理學上稱為「從眾效應」（Bandwagon Effect），它會使人無意識地追求別人的標準，而非真正符合自身的興趣與能力範疇。美國心理學家利昂·費斯汀格（Leon Festinger）提出的社會比較理論（Social Comparison Theory）便指出，人們常透過與他人的比較來確認自我價值，這使得人們不自覺地陷入盲目的學習和焦慮循環之中。

因此，解決知識焦慮症的關鍵在於認清自我。你必須了解自己的興趣、專長與能力，並規劃出明確的職涯發展方向，而非盲目追逐流行的資格證照。人們的精力有限，專注於真正符合自己需求的知識，才能避免無謂的焦慮和精力的耗損。

知識焦慮本身並非可怕的事物，只要透過適當的方法來放鬆（例如自我催眠或冥想練習），即可有效紓緩。此外，可

以限制每天接觸資訊的管道,不要超過兩種,以避免資訊超載。工作前最好列出明確計畫,做好時間管理,以減少突發事件對心理的衝擊。保持這些習慣,久而久之,便能有效降低焦慮感,重新找回生活和工作的平衡點。

第 2 章　工作心理學：為上班族做的心理 X 光

假期後不愛上班：假期後症候群

生活視角

　　無論是連續假期，或只是短短的週末過後，許多人在回到工作崗位時總會感到難以適應，甚至出現明顯的生理或心理不適，心理學稱這種現象為「假期後症候群」。特別是經過長假後，不少人上班第一天就感覺疲勞、精神渙散，甚至出現頭暈、胸悶、胃脹氣或全身酸痛的現象。

　　今年春節剛過，靜宜回到公司後就一直坐立不安，無法專心投入工作。同事小張抱怨說：「我現在根本還在放假模式，整個人都打不起精神。」另一位在國際貿易部門的同事阿威更直接表示：「我甚至有點頭暈，電腦螢幕上的字都快看不清了。」就連平常要求嚴格的主管，上午也不自覺地打起了哈欠。午休時間一到，辦公室瞬間成為大家分享假期趣事的社交場合，工作似乎成了次要任務。

　　之所以會出現這種情況，關鍵在於人的生理與心理狀態需要適應期。心理學家指出，假期中人們的生活節奏通常與工作日有極大差異，這種突然的切換會干擾生理時鐘，使得大腦無法快速適應平日的工作模式。此外，在假期中暴飲暴食或頻繁的熬夜聚餐，會使身體處於疲憊狀態，腦神經與身

體各器官短時間內無法恢復到正常運作水準。

此外，短暫的週末同樣可能導致假期後症候群。許多上班族習慣在週末補足平日缺乏的休閒娛樂，卻忘了要給自己足夠的時間調整節奏。以剛結束週末的林明為例，上週六他參加了一場大學同學聚餐到深夜，週日又陪伴家人外出旅遊，晚上甚至還在檢查孩子的作業到深夜。週一一早，他不僅忘了帶重要的文件，還遲到了半小時，整個上午工作時都處於恍惚的狀態，完全無法進入狀況。

這種狀態的背後，其實是工作與休息之間的衝突所致。俄羅斯生理學家伊凡·巴甫洛夫（Ivan Pavlov）提出「制約反射」理論，人們在平日形成固定的生活與工作節奏（條件反射），假期突然打亂這個節奏後，大腦必須重新調整，這個調整期若無法順利過渡，就容易產生焦慮、倦怠等症狀。

心理層面

假期後症候群

假期後症候群可以用「制約反應」的心理學理論來解釋其發生原因。

制約反應的概念最早由巴甫洛夫提出，指的是個體透過反覆經歷而在大腦中形成的穩定聯想模式。日常生活中，人

第 2 章　工作心理學：為上班族做的心理 X 光

們通常有規律地重複某些活動，這種穩定規律的生活型態會在大腦形成固定的制約反應。然而假期的來臨改變了平日習慣的工作作息，使原本建立的制約反應中斷。當假期結束後，又必須立即恢復正常的工作模式，原先的制約反應已遭到破壞，而新的制約反應尚未形成，因此出現心理上的混亂或不適感。

此外，人們往往對平日單調或緊張的工作感到厭倦，而對假日放鬆自在的生活感到留戀。當假期結束必須重回工作崗位時，這種心理上的落差會加劇不適應的感覺，使人感到空虛、焦慮、甚至煩躁。尤其是腦力工作者，在假期期間大腦處於相對放鬆的狀態，突然恢復高強度的工作模式，極易導致身心的不良反應，例如注意力不集中、疲倦感增加，這便是所謂「假期後症候群」的心理成因之一。

幸福指南

「假期後症候群」的根源來自於大腦對於「愉悅經驗」與「現實壓力」的強烈對比。在這種對比下，人們容易沉浸於假期的美好回憶，抗拒回歸日常工作與生活，因此產生心理落差與生理不適，如頭暈、易怒、食慾下降、消化不良、注意力不集中等。

假期間固定的生活作息被打亂，產生疲勞感是正常的。為了減少「假期後症候群」，應在假期間適時調整生活規律與心態。

由於假日期間人們常攝取較多零食與高糖分食物,容易造成腸胃負擔,引起腹脹、消化不良等症狀。因此,飲食不規律者應在假期結束前一天開始食用清淡食物,如蔬果、稀飯、麵類等,並多補充水分,幫助腸胃恢復正常運作。

　　假期時,許多人因熬夜上網、卡拉 OK 或聚會娛樂,導致頭昏、記憶力衰退、肢體疲勞等問題。過度娛樂可能影響免疫系統,造成身心失衡,因此建議在假期結束前一天調整作息,避免熬夜,恢復規律的生活節奏。

　　此外,假期中的應酬增加,過量攝取菸酒容易導致血壓升高,影響身體健康。建議適量飲酒,避免高脂肪食物,多攝取豆類與魚類,以降低身體負擔。

　　若假期過後仍感到疲憊,可透過熱水洗頭、泡澡來放鬆身心,或進行簡單的按摩,如輕敲腿部與肩膀,幫助肌肉放鬆。上班前,可做些適度運動,如散步或瑜伽,搭配輕音樂與閱讀,幫助調整心情。

　　假期結束前,應逐步讓自己回歸工作狀態,避免沉溺於假期的情緒之中。一兩天前可開始整理思緒,計劃即將展開的工作內容。

　　回到工作崗位後,不宜立即投入高強度、高壓力的工作,可採取循序漸進的方式,逐步適應工作節奏,讓自己順利進入工作模式。

第 2 章　工作心理學：為上班族做的心理 X 光

上班下班判若兩人：微笑憂鬱症

生活視角

　　許多人認為，憂鬱症通常與「無精打采」、「愁容滿面」或「垂頭喪氣」劃上等號，然而，有一種憂鬱症患者卻始終面帶微笑，讓人難以察覺他們的內心痛苦。這種現象被稱為「微笑憂鬱症」，尤其在服務業及高度壓力的職場環境中尤為常見。這些人壓抑內心的不快，選擇以微笑示人，這微笑並非發自內心，而是源於「工作的需求」、「社會禮儀」或「責任感」。

　　根據統計，憂鬱症患者以女性居多，這與女性較敏感、情緒細膩、缺乏自信等特質有關。此外，月經、懷孕、更年期等生理因素亦可能加劇心理壓力，使她們更容易受憂鬱情緒影響。微笑憂鬱症的患者多半學歷較高、職位較高，特別是在服務業、外商公司或高壓環境中工作者更為明顯。

　　這些「雙面佳人」在職場上展現燦爛笑容，回到家中卻難掩疲憊與憂鬱。許多白領女性因長期壓抑情緒，最終陷入微笑憂鬱的循環。

　　陳怡是一家外商公司的主管，在上司、同事和下屬眼中，她總是笑容滿面，開朗樂觀。然而，丈夫張偉卻透露，

妻子已經多年未曾在家開懷大笑,反而經常因小事發脾氣,甚至對家人冷漠無比。

兩人婚後生活本來幸福美滿,但自從陳怡進入外商公司後,工作壓力劇增,雖然薪資提高了,夫妻之間的交流卻越來越少。陳怡變得愈發急躁,回家後幾乎不與家人互動,甚至對長輩態度冷淡。然而,當親友來訪時,她又會立刻切換成熱情大方的形象,讓來訪者感受到賢妻良母的魅力。

這種「雙面生活」讓張偉感到困惑與無奈,夫妻倆的爭執也日益增加。最終,他決定陪妻子前往心理諮商機構,希望能找回當初那個開朗的陳怡。

像陳怡這樣的案例並非少數,許多職場女性在日復一日的壓力與職業要求下,被迫戴上「微笑面具」,久而久之,內心的壓抑與疲憊無法紓解,最終影響到生活與人際關係。

方涵則是另一個典型例子,她在房地產公司擔任主管,因工作需求,公司要求員工必須以標準「露八齒微笑」迎接客戶。作為主管,方涵更是被視為企業形象代表,經常被拿來作為年輕員工的榜樣。

每天在公司裡,她都要保持完美笑容,迎合客戶需求,即便面對無理要求,也只能忍耐。但下班回家後,長時間的情緒壓抑讓她無處發洩,家人成了她負面情緒的出口。她的家人不解她為何判若兩人,曾試圖勸她調整心態,但方涵發現自己早已無法控制情緒,最終連男友也因無法忍受她的脾

氣而選擇分手。

面對這樣的打擊，方涵感到絕望，卻發現自己無法逃離現狀。工作壓力龐大，職場競爭激烈，她無法貿然轉換跑道，只能繼續勉強撐下去。

像方涵這樣的職場女性不在少數，隨著「微笑服務」成為許多行業的標準，這種情緒壓抑的現象已越來越普遍。在日本，甚至有企業設立「微笑研究所」，教授員工如何展現完美笑容，還有科技公司開發「微笑測量儀器」，透過臉部辨識技術評估員工的微笑品質，以提升服務標準。

然而，這種「被迫微笑」的文化可能進一步加重職場人士的心理負擔，使微笑憂鬱症的問題更加嚴重。未來，如何在職場與個人心理健康之間取得平衡，將是每個人都需要思考的重要課題。

心理層面

微笑憂鬱症

在人生的少年時期，情感的表達往往是最直接的，微笑通常來自內心的快樂。然而，隨著成長，我們開始學習控制情緒，學會在外人面前保持微笑，即便內心並不真正快樂。這種出於社會禮儀與職場需求的「標準微笑」，特別容易出現

在服務業及高階白領的職場人士身上,也因此,「微笑憂鬱症」的現象日益普遍。

「人前微笑,人後落淚」是微笑憂鬱症的典型表現。雖然生活中每個人都會有情緒起伏,但有些人因工作或其他外在因素,選擇壓抑自己的負面情緒,甚至刻意掩飾自己的壓力與煩惱,長此以往,這種壓力可能累積成心理疾病。

與一般憂鬱症相比,微笑憂鬱症的危害更大。通常,患有微笑憂鬱症的人在外界看來都是優秀且成功的個體,他們為了維持自身的美好形象,習慣將負面情緒隱藏在心裡。然而,當壓力累積到無法負荷的程度時,他們的心理狀態可能會劇烈崩潰,甚至從極度自信轉變為嚴重自卑,進而懷疑自身的價值與能力。

微笑憂鬱症不僅影響心理健康,還可能導致身心雙重疾病。理智與情感雖相互依存,但當理智過度壓抑情感時,情緒可能會產生強烈的反彈,進而影響生理機能。例如,長期的壓力可能導致自律神經失調,進一步影響內分泌平衡,使免疫力下降,增加胃病、心血管疾病等生理疾病的風險。

因此,如何正視自己的情緒,適時釋放壓力,避免微笑憂鬱症成為慢性心理負擔,將是每位職場人士值得深思的重要課題。

第 2 章　工作心理學：為上班族做的心理 X 光

幸福指南

從陳怡與方涵的案例可以看出，微笑憂鬱症患者內心其實充滿痛苦，彷彿迷失在黑暗森林裡。然而，這種狀態並不可怕，關鍵在於勇敢面對，並積極尋求改善的方法。切忌忽視或逃避，因為這只會讓問題惡化。

以下是一套由美國精神病學家大衛・伯恩斯（David D. Burns）博士設計的自我檢測量表，可用來評估自身是否有微笑憂鬱症傾向。請依據自身感受進行評分：

請在符合你情緒的描述給分：無：0；輕度：1；中度：2；嚴重：3。

(01)　你是否經常感到傷心或悲傷？
(02)　你是否覺得未來沒有希望？
(03)　你是否覺得自己沒有價值，甚至是失敗者？
(04)　你是否經常感到力不從心，或覺得自己不如他人？
(05)　你是否對過去的事情過度自責？
(06)　你是否在做決定時猶豫不決？
(07)　這段時間你是否經常感到憤怒或不滿？
(08)　你是否對事業、家庭、愛好或朋友失去興趣？
(09)　你是否經常覺得精力不足，做事缺乏動力？
(10)　你是否覺得自己衰老或失去吸引力？
(11)　你是否有食慾不振或暴飲暴食的情況？

(12) 你是否患有失眠,或經常感到疲憊嗜睡?
(13) 你是否對親密關係失去興趣?
(14) 你是否經常擔心自己的健康狀況?
(15) 你是否認為人生沒有意義,甚至產生輕生念頭?

評分標準

0～4分:沒有憂鬱症

5～10分:偶爾有憂鬱情緒

11～20分:輕度憂鬱症

21～30分:中度憂鬱症

31～45分:嚴重憂鬱症,需立即尋求專業幫助

如果分數較高,請考慮尋求心理專業諮商協助;若只是輕度憂鬱,可透過自我調適來改善。

如何調適情緒?

現代社會壓力過大,許多人習慣強迫自己在外人面前展現完美形象,即便內心悲痛,也要強顏歡笑。然而,這種長期的壓抑對身心都是極大的負擔。最好的做法是適時發洩情緒,例如與朋友見面聊天、透過運動紓解壓力,讓負面情緒逐漸排解。

運動是改善微笑憂鬱症的有效方法,若能每天堅持運動30分鐘,即使有憂鬱傾向,也能有所改善。運動能帶來放鬆

與自主的感覺,幫助釋放壓力,同時提升神經系統與免疫系統的健康。

此外,均衡飲食也有助於緩解焦慮與壓力,建議多攝取富含維生素 B 的食物,如香蕉、梨、櫻桃、蘋果等,以穩定神經系統。

最後,閱讀能讓人心境平和,提升思維層次,是對抗憂鬱情緒的良好習慣。工作之餘,培養閱讀習慣,不僅能幫助放鬆,也能帶來內在的成長與滿足感。

學會適時釋放壓力,調整心態,才能真正擁有內外一致的微笑,擁抱更健康的心理狀態。

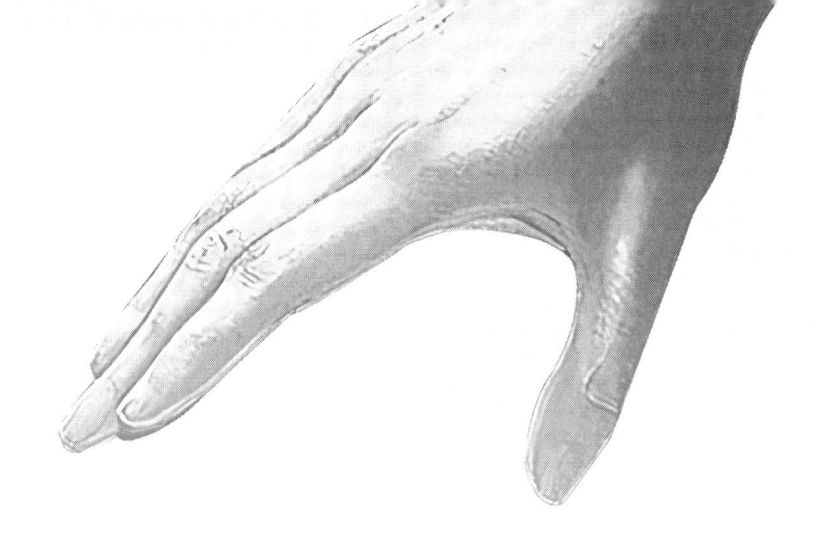

# 第 3 章

學習心理學：
你學會如何學習了嗎？

第 3 章　學習心理學：你學會如何學習了嗎？

一　為什麼立即複習有助於提高學習效率？

生活視角

現今學生的學習壓力大，許多家長甚至主張減少作業，以讓孩子擁有更多休閒時間。然而，適量的作業對於知識的鞏固仍是必要的，因為學習資訊只有在大腦中形成穩固的記憶，才能真正成為有價值的知識。

人類的記憶並非永久保持，因為大腦會經歷自然的遺忘過程。我們可以將大腦比喻為一塊蠟板，當學習新知時，就像在蠟板上刻下痕跡，但隨著時間推移，蠟板可能會融化，使痕跡逐漸消失，這便是遺忘的過程。

遺忘有不同類型，例如「不完全遺忘」，即能夠再認資訊但無法回憶完整內容；「完全遺忘」，則指無法再認或回憶任何相關資訊。此外，還有「臨時性遺忘」，如考試怯場時一時想不起來的知識，考試結束後卻又突然回憶起來；「永久性遺忘」，則指童年時的某些記憶隨著成長完全消失。

為了讓學習內容能夠長久保留，最有效的方法就是「及時複習」。遺忘的主要原因包括神經系統的抑制與記憶內容間的相互干擾，而缺乏適時複習更會加速遺忘的發生。

德國心理學家赫爾曼・艾賓浩斯（Hermann Ebbinghaus）研究發現，遺忘的速度是「先快後慢」的，即在學習後的最初幾天內遺忘速度最快，之後逐漸趨緩，最終穩定形成長期記憶。這一規律被稱為「艾賓浩斯遺忘曲線」。

艾賓浩斯的實驗顯示，記憶無意義音節需要大量重複才能維持，但對於有意義的內容，若能夠理解，則記憶效率顯著提高。例如，記住十二個無意義音節需要重複 16.5 次，而記住六首詩中的 480 個音節卻只需重複 8 次，顯示理解能夠有效提升記憶效率。

這些研究表明，為了避免遺忘，最佳策略是在學習後「打鐵趁熱」，即時進行複習，這樣才能讓知識更穩固地留存在大腦中。

心理層面

記憶

記憶是人腦對經驗過的事物進行識記、保持、再現或再認的過程。從垷代資訊埋論與控制論的角度來看，記憶即是個體將生活與學習中獲得的資訊加以編碼與處理，並儲存於大腦之中，以便在需要時提取與應用。綜合而言，記憶涵蓋識記、保持與應用，並涉及資訊的選擇、編碼、儲存與提取。

遺忘的本質則是對大腦內資訊的一種「停止使用」。如果沒有這項功能，大腦每日接收的大量資訊將會無序地長期存留，進而影響思維的運作，甚至造成資訊過載，影響決策與認知能力。

首位在心理學史上對記憶進行系統實驗的學者，是德國心理學家艾賓浩斯。他透過一系列研究，揭示了記憶的保持規律，並繪製出著名的「艾賓浩斯遺忘曲線」。研究顯示，在學習後的最初階段（尤其是第一天內），遺忘速度最快，隨後逐漸減緩，至約第六天後，遺忘趨於穩定。這種「先快後慢」的變化趨勢，形成了特定的遺忘曲線。

艾賓浩斯遺忘曲線的重要發現之一，是「及時複習」對於記憶保持的關鍵作用。研究證明，在遺忘尚未發生前即進行適當的複習，可顯著提升記憶的鞏固與長期保存。因此，在學習過程中，建立科學的複習計畫，能夠有效減少遺忘，使資訊得以更長久地存留於記憶系統之中。

幸福指南

有些人學習時並不了解記憶與遺忘的規律，平時不重視複習，考前才臨時抱佛腳，熬夜衝刺。這種方式看似節省時間，實際上卻需花費更多時間重新熟悉已學的內容。更糟的是，由於長時間未複習，部分知識已被遺忘，導致複習過程

變得吃力且低效，最終得不償失。古人云：「今日事，今日畢」，這句話同樣適用於學習與複習，當日學習的內容應在當日進行鞏固，以確保記憶的長久保持。

為什麼許多人不願意複習，而更傾向於學習新知識？

這或許與複習舊知識帶來的枯燥感有關。然而，古人早已指出：「溫故而知新」，複習的目的不僅是重溫舊知，更是為了在舊有知識的基礎上發掘新的理解與應用價值。簡單的機械重複無法達成「知新」的目標，真正有效的複習是透過聯想、歸納、整合與應用，使知識系統化、結構化，進而提升學習成效。因此，複習不應視為單純的記憶強化，而是一種創造性的學習方式，讓知識在不斷重溫與深化的過程中得到昇華。

雖然及時複習極為重要，但若未採取適當的方法，效果可能大打折扣。以下幾種實用的複習策略可供參考：

1. 嘗試回憶複習法

在複習時，先不要急於翻閱課本或筆記，而是試著回憶所學內容，透過默想或默寫測試自己對知識的掌握程度，看看哪些概念較模糊，哪些內容已經遺忘。接著，針對記憶較薄弱的部分重點查閱資料，這樣能有效強化記憶並克服遺忘。

2. 抄寫與背誦法

對於需要背誦的內容,如名篇佳句、公式定理,建議透過抄寫與反覆朗讀來加深印象。可將重要內容寫下來,貼在床頭或學習空間,讓自己每日重複閱讀,直到完全熟悉並內化,形成長期記憶。

3. 整理筆記複習法

筆記不應僅限於上課抄寫,更應成為學習的輔助工具。在課後複習時,應補充上課時遺漏的重點,修正記錄不完整或不準確的內容,並進一步整理教材與老師講授的知識,使學習內容更具條理性,增強理解與記憶。

4. 參考資料複習法

適時閱讀課外參考資料,有助於從不同角度理解同一概念,提升知識的整合與應用能力。然而,選擇參考書時應有明確目標,避免過度閱讀造成資訊過載。一般而言,選擇一到兩本與課程內容相關的參考書即可。

5. 實際操作複習法

紙上學習固然重要,但動手實作更能深化理解。例如,理工科學生可透過實驗來驗證課本理論,語言學習者可透過

聽說讀寫練習來鞏固詞彙與語法。結合動手與動腦的學習方式，能夠提升學習興趣，並使知識更具實用價值。

透過上述方法，不僅能讓複習變得更具成效，也能提升學習的樂趣，使知識真正內化，達到舉一反三的學習境界。

第 3 章　學習心理學：你學會如何學習了嗎？

利用比馬龍效應

生活視角

在希臘神話中，雕刻家比馬龍（或稱皮格馬利翁）精心雕刻了一尊美麗的女性雕像，最終深深愛上了「她」。他每日向神祈求，希望雕像能夠變成真正的女人，與他相愛。最終，愛與美的女神阿芙蘿黛蒂被比馬龍的真誠所感動，賦予雕像生命，讓她變成真正的人類，並與比馬龍結為夫妻，過上幸福的生活。

這雖然是一則神話故事，卻揭示了一個心理學現象——強烈的期望可能促成願望的實現，這就是心理學上所稱的比馬龍效應（Pygmalion Effect）。

在現實生活中，我們經常能看到「期望成真」的現象。那麼，這種神奇的作用是如何發生的呢？心理學家發現，這與「暗示作用」密切相關。美國心理學家羅伯特·羅森塔爾（Robert Rosenthal）曾進行一項著名的實驗，以驗證教師對學生的期望如何影響學生的表現。

研究團隊在某所小學內，對一至六年級的十八個班級學生進行了一次「智力發展測驗」。測驗結束後，心理學家隨機選出班級中 20％的學生，並告知教師這些學生具有高度潛

能，未來將有極大的發展潛力。實際上，這些學生的挑選是隨機的，並非真正根據測驗結果。

八個月後，心理學家再次測試學生的學習表現，結果發現：這 20% 被選中的學生，學習成績有顯著提升，他們的情感狀態更穩定，學習興趣更高，在課堂上更積極發言，與教師和同學的關係也更加融洽。

教師們對此結果感到驚訝，認為心理學家的測驗極為準確，能夠預測學生的發展潛力。然而，實驗的真正目的，是要證明教師對學生的期望會影響學生的發展。事實上，那些學生的「潛能」並非來自天賦，而是來自教師對他們的關注與鼓勵。當教師相信某些學生具有高度潛力時，便會對他們展現更正向的態度，例如給予更多的肯定、更耐心的指導，或是在課堂上更多關注，這些行為最終促成了學生的成長。

這樣的現象並不僅限於學校教育，在職場、家庭等社會環境中也同樣適用。例如，一位主管若對員工抱持高度期待，經常給予鼓勵與挑戰性的任務，那麼這名員工的表現往往也會有所提升。同樣地，父母對孩子的期望也可能影響孩子的行為，當父母相信孩子能夠獨立自主，孩子往往也會展現出更負責任的態度。

比馬龍效應的核心在於「信念與行為的互動」，當一個人被他人賦予期望時，這種期望便會透過無形的暗示影響他的行為，使其朝向這個期望發展，最終促成自我實現。因此，

無論是教師、家長還是主管，若能夠運用比馬龍效應，便能有效地激發他人的潛能，讓學習與成長的過程更加順利。

心理層面

心理暗示

《心理學大詞典》對心理暗示的定義是：以含蓄、間接的方式影響他人的心理與行為，使其不自覺地按照特定方式行動，或不經分析地接受某種信念或意見。暗示的本質在於人的情感與觀念，在無意識的情境下受到外界影響，從而引發改變，有時甚至帶來極大的轉變。

心理暗示的效果受到多種因素的影響，主要包括以下三個方面：

1. 暗示者的特徵

暗示者的性別、年齡、學識、社會地位、權力、威信及對資訊的自信程度，皆會影響受暗示者的態度與行動。通常，暗示者的社會地位與專業威信越高，其暗示的影響力也越大。例如，當一位知名的年長醫生與一位年輕普通醫生對病人做出相同診斷時，病人更可能接受前者的意見，因為他擁有更高的權威性與可信度。

2. 受暗示者的特徵

受暗示者的個性特徵決定了其對暗示的接受程度。例如，擁有豐富生活經驗與較高知識水準的人，不易受到暗示，尤其在涉及道德準則時，他們更具獨立判斷力，即便是在催眠狀態下，也未必會完全服從暗示。而缺乏主見、易隨波逐流的人，則較容易受到暗示的影響。此外，從年齡層面來看，兒童與青少年通常比成人更容易受暗示。同樣地，在團體暗示的情境下，鬆散的群體更易受到影響，而高度團結、組織紀律性強的集體則較難受暗示。

3. 當時的客觀環境

人在資訊不足、情勢不明或面對困難與混亂時，更容易受到暗示。例如，學生在考試時遇到難題時，可能會不自覺地參考同學的答案；社會發生動盪時，人們也可能因焦慮與不安，輕易接受來自外界的觀點與指示，而不加以質疑與分析。

心理暗示無所不在，從日常生活、學習、職場乃至社會運作，均受到其影響。理解心理暗示的作用，能幫助我們更有意識地調適自身行為，也能在適當的時機運用正向暗示，提升學習與個人成長的效果。

第 3 章　學習心理學：你學會如何學習了嗎？

幸福指南

　　心理暗示在日常生活中無處不在，影響著人們的思維、情緒與行為，有時甚至能夠改變一個人的生理狀態。

　　相信你可能也曾有過這樣的經驗：某天，一位朋友突然對你說：「你看起來很憔悴，是不是生病了？」起初，你並未放在心上，但隨著這句話在腦海中反覆浮現，你開始感覺身體無力，彷彿真的生病了，最終甚至決定去醫院檢查。然而，當醫生告訴你並無異常後，你卻立即感到精神恢復，離開醫院時步伐輕快，與剛進門時的狀態判若兩人。這種現象，正是心理暗示在發揮作用。

　　人們往往容易接受來自自己尊敬、信任、或欽佩之人的暗示。這種暗示在某些情況下可以發揮正向作用，例如讓個體更加自信、激發潛能，或是增強心理韌性。但暗示並不能取代個體本身的努力，它更像是「畫龍點睛」，發揮輔助性的作用。例如，一位學業優秀的學生即將參加競賽時，若他最敬佩的老師對他說：「我相信你能拿到第一！」這句話可能成為強大的心理暗示，使學生更加努力，最終獲得佳績。然而，若是一位學習基礎較弱的學生，僅僅依靠暗示而不實際行動，即使被賦予再多正向鼓勵，也難以憑空創造奇蹟。

　　心理暗示不僅來自外部環境，也可以是個體對自身的影響。透過正向的自我暗示，我們能夠強化內在信念，讓潛意

識接收正向資訊，進而改變行為模式。例如，每天對自己說：「我可以克服困難」、「我會越來越好」，長期堅持下來，這些正向的暗示會逐漸內化，影響個人的自信心與行動力。這是因為潛意識本身不具備判斷能力，只會接收與內化長期輸入的資訊，當我們習慣性地給自己正向的心理暗示，便能促成思考模式的轉變，進而影響人生方向。

然而，心理暗示並非總是正向的，過度依賴外界暗示或缺乏自我主見的人，容易受到負面影響，甚至可能被操控。某些人因為自我認同感較低，缺乏安全感與主見，容易將決策權交給他人，甚至期待外在權威來主宰自己的命運。例如，有些人習慣依賴算命或占卜，希望透過這類方式尋求心理慰藉，這便是一種典型的負面暗示影響。

人格尚未成熟的兒童，也特別容易受到暗示的影響。因此，家長在教育孩子時，應善用正向暗示，發掘孩子的優點，並給予適時鼓勵。尤其是對自信心較低的孩子，更應多加肯定，讓他們感受到來自家長的期望，從而努力提升自我。當孩子意識到自己被期待時，便會傾向於迎合這種期待，並努力表現得更好。

相對地，負面暗示則可能對孩子的成長造成嚴重影響。研究顯示，許多青少年犯罪的成因之一，來自於成長過程中受到家長或環境的負面標籤。例如，有些孩子因年幼時偶爾犯錯，而被貼上「不良少年」的標籤，長期下來，他們可能會

內化這種認知,認為自己就是「問題兒童」,最終自暴自棄,甚至走上犯罪的道路。

在家庭教育中,家長應避免頻繁責備孩子的學業表現,也不要輕易說出打擊自尊心的話。每個孩子的智力與學習能力不同,家長應該引導孩子找到適合的學習方法,而非一味埋怨。當家長用愛與耐心給予孩子正向暗示,孩子的潛能將更容易被激發,這才是最理想的教育方式。

心理暗示無所不在,當我們學會運用正向暗示,不僅能提升自我,也能幫助身邊的人變得更好,讓生活充滿更多的可能性。

如何靜心學習

生活視角

學習時，我們常常受到外界環境和內心思緒的干擾。當我們準備專心讀書時，窗外的熱鬧聲會讓人不自覺想看個究竟；或者朋友的一通電話邀請你去逛街，心情被打亂後難以重回狀態；甚至鄰居的爭吵聲雖然聽不清楚內容，但足以成為背景干擾，讓注意力無法集中。這些外部資訊的爭奪，會極大程度影響學習效率。

高效學習的關鍵是注意力的專注程度，而不是學習時間的長短。短時間內的高度專注，往往比長時間的分心學習更有成效。因此，屏除外界干擾、創造一個專注的學習環境，成為提高學習效果的必要條件之一。

一個有效的方法是選擇適合學習的環境，比如圖書館或自習室。在這些地方，你不僅能避開外界的噪音，還能從他人的專注狀態中感受到無形的壓力，這種競爭心理可以激勵你更專注地投入學習。心理學稱這種現象為「社會助長效應」（Social facilitation）。

心理學家特理普利特的研究證明，當有人在場或處於競爭環境中，個體的行為效率會提高。他的實驗顯示，受試者

在有競爭對手的情況下,騎自行車的速度明顯快於獨自騎行。此外,考特雷爾的實驗也發現,在他人評價的情況下,受試者的記憶表現更好。這表明,自我覺知和外界的關注會促使個體提高學習動力。

然而,即使能夠屏除外部干擾,內心的「雜念」也可能成為學習中的障礙。例如,當你專注學習時,腦中突然浮現最近聽過的歌曲旋律,或者想到朋友穿了一件特別好看的衣服,這些念頭會讓注意力分散。更令人困惑的是,越試圖壓制這些念頭,反而越無法擺脫,這種現象被稱為「後抑制反彈效應」(Post-suppression Rebound Effect)。

社會心理學家華格納(Ulrich Wagner)透過「白熊實驗」發現,受試者越努力抑制某個想法,反而會更加執著於這個想法。這意味著,當雜念湧現時,強行壓制會適得其反。相反,適當地接納這些念頭,並逐漸將注意力轉移回學習內容,才是更有效的應對方式。

屏除內外干擾並非易事,但可以透過選擇安靜的學習場所來減少外界的噪音,並透過適當的策略應對內心雜念。這樣一來,我們就能進入深度專注的學習狀態,大幅提升學習效率與成效。

心理層面

社會助長效應

社會助長效應，亦稱為社會促進效應，是指個體在有他人存在的情境下，表現出的行為水準或效率會有所提升的心理現象。這種效應之所以出現，與人類對「比較」和「評價」的敏感性密切相關。

在日常生活中，我們常常將所處的社會情境解釋為競爭性環境。當我們獨自一人時，少了比較對象，也沒有立即的目標，便容易產生懈怠。然而，當有他人存在時，即便這些人並未直接與我們競爭，他們的存在仍會引發一種潛在的競爭心理。人們會開始意識到自己的行為可能被觀察和評價，於是便不自覺地努力提升自己的表現，想要獲得認同或尊重。同時，個體也害怕被排除於集體之外，因此會更加積極地展現能力，希望能與他人建立更好的社會聯繫。

需要注意的是，並非所有情況下社會助長效應都能提高效率。研究表明，這種效應取決於個體對所執行任務的熟練程度。當任務對個體來說已十分熟練或是簡單時，有旁人在場往往能提高效率，因為此時的社會情境可以帶來額外的動力；當任務對個體來說不熟悉或過於複雜時，有旁人在場反而可能降低效率。此時，社會情境可能增加緊張感，削弱專注力，導致表現不如平時。

第 3 章　學習心理學：你學會如何學習了嗎？

後抑制反彈效應

後抑制反彈效應則是一種完全不同的心理現象，它是指當我們試圖壓抑某種念頭時，反而會使這個念頭變得更加突出，甚至比原來更強烈。這種效應揭示了一個常見但不直觀的心理規律：強行壓制內心想法的行為，往往適得其反。

後抑制反彈效應表明，人類的心智並不完全服從於控制意志的力量。當我們告訴自己「不要去想某件事」時，這個想法卻會在大腦中反覆出現，甚至更頻繁、更鮮明。這與我們直覺上認為的「壓制能消除」的觀念相悖，也解釋了為何單純的壓制往往會讓問題變得更複雜、更難以控制。

幸福指南

我們先看一個故事，了解一下社會助長效應如何影響我們的行為。

大約二百年前，一位名叫洪川的名僧來到京碧寺。廟裡的和尚請他揮毫寫下「第一義諦」四字，準備掛在寺門的匾額上。洪川大師每寫一筆，都要經過深思熟慮，反覆斟酌，真可謂字字精心。然而，替他磨墨的年輕和尚是一位頗具眼力而直言不諱的人，洪川大師的每一筆畫，只要稍有瑕疵，這位和尚就會毫不留情地指出來。

洪川大師完成第一幅後，這位和尚便說：「這幅寫得不好。」

「那麼這一幅呢？」洪川大師再試了一次。

和尚搖了搖頭：「更糟，比剛才那幅還差。」

在一旁的香客悄悄對住持說：「大師這次好像不在狀態，是不是潤筆費給得太少了？」

住持見狀，便婉轉地向洪川大師提議增加潤筆費。雖然洪川大師本身是一位一絲不苟的人，這次卻選擇沉默。他耐著性子，先後寫了八十四幅「第一義諦」，遺憾的是，沒有一幅得到和尚的讚許。

最終，趁這位「苛刻」和尚離開去如廁的短暫時間，洪川大師放鬆心情，以自然自在的心境，完成了第八十五幅。當和尚回來後，見到這幅字，忍不住豎起大拇指，驚嘆：「這才是真正的神品！」

洪川大師前八十四次未能盡如人意，是因為旁人在場，他無法完全投入其中。這恰恰說明，旁人的存在有時能促進行為，有時卻會成為障礙。關鍵在於我們所從事的事情是否熟練。如果熟練，旁人在場會產生激勵作用；如果不熟練，旁人的存在則可能造成壓力。

因此，理解社會助長效應的作用有助於我們更有效地安排學習。當我們對某種活動已相當熟練時，可以大膽在人前

展示,這樣不僅提高效率,也能增強自信。如果尚未熟練,那麼還是先靜心學習,慢慢提升自己的能力。

而「後抑制反彈效應」則給我們另一個啟示:在學習中不必對抗雜念。研究顯示,焦慮往往是由過高的欲望和缺乏有效行動的結合而產生的。許多人試圖排除學習中的雜念,結果反而把注意力過度集中在雜念上,進一步放大了這些干擾。這種過度控制最終會引發壓抑,導致自我否定,形成更多的焦慮與學習障礙。

要化解後抑制反彈效應的最佳方法,就是順應自然,接受雜念的存在,並學會與之共處。採取有效的行動,把注意力從對抗雜念轉移到學習本身。例如,當雜念浮現時,將其記錄在紙上,這樣便能從壓抑念頭的壓力中解脫出來,重新專注於手頭的學習內容。

一開始,你可能需要頻繁地記錄這些想法,但隨著時間的推移,雜念的次數將逐漸減少,而你的專注力則會顯著提升。最終,你會發現學習時間的質量提高了,學習成果也更加顯著。

考試前臨陣磨槍的高效策略

生活視角

　　許多大學生或進入職場後仍持續學習的人，常常在考試前進行「臨陣磨槍」。雖然我們之前已經強調過及時複習的重要性，也知道「臨時抱佛腳」並非最佳策略，但現實中各種原因往往讓我們在不知不覺中就來到考試的時刻。

　　既然時間有限，我們只能選擇「臨時抱佛腳」這一招，那麼問題來了，在這有限的時間裡，如何讓自己能夠盡可能記住更多的知識應對考試呢？

　　有些人在考試前一週開始熬夜，每天眼睛紅腫，熬到困倦時還會用極端的方法讓自己保持清醒，像是「懸梁刺股」等方式。而在這過程中，內心時常會冒出一個問題：到底是該繼續熬夜，還是該去睡覺？

　　另一些人則在初期盡全力學習，但後來感覺壓力山大，最終選擇放鬆自己，可能會和朋友一起聚會，喝酒、唱歌、聊天，藉此解壓……

　　那麼，如何有效地進行臨時複習，才能對考試最有利呢？

第 3 章　學習心理學：你學會如何學習了嗎？

學習後的最佳策略：休息

美國心理學家詹金森曾進行過一項有趣的實驗，他將學習成績相似的學生分為兩組，並且讓他們聽取相同的學習內容。課後，第一組學生立刻休息並睡覺，而第二組學生則自由安排時間。第二天，兩組學生進行了基於前一天所學內容的測試，結果顯示，第一組的記憶保持率達到了56%，而第二組則只有9%。

這項實驗表明，在學習後到考試前的這段時間裡，如果讓學生進行自由活動，反而會影響記憶的保持。這是因為「倒攝抑制」（retroactive inhibition）的現象，即新的記憶會干擾舊的記憶，因此，學習後最好能給大腦適當的休息時間，而非過度活躍。

如何有效利用最後的學習時間

合理安排時間：考試前的時間非常有限，因此應該合理規劃。把重點內容進行梳理，集中精力在最重要的部分，避免分心。

短時高效學習：若時間極為緊迫，可以選擇進行短時間的高效學習。這樣能夠減少學習的疲勞感，並保持大腦的專注度。

適當休息：學習的時候需要適時地休息，這有助於鞏固

記憶,並避免過度疲勞。學習後,適量的休息或小睡可以顯著提高記憶效果。

避免過度焦慮:過度的焦慮和緊張會影響大腦的工作效率,因此要學會放鬆自己,保持良好的心態。

雖然「臨陣磨槍」並非理想的準備方式,但當時間不允許時,我們仍然可以採取一些高效的策略來最大化學習效果。適當的休息與合理的學習計畫是關鍵,這樣可以減少過度的焦慮與疲勞,幫助我們在短時間內更好地應對考試。

心理層面

倒攝抑制

倒攝抑制是指新學習的資訊對舊有記憶的干擾作用。簡單來說,當我們學習了新的內容後,這些新資訊會影響我們回憶之前學過的知識。隨著時間的流逝,這些新資訊或其他外界刺激的影響會導致我們對舊有記憶的保持變差,這一現象被稱為倒攝抑制。

倒攝抑制的程度會受到多種因素的影響,包括學習材料之間的相似性、學習的難度、學習時間的安排以及我們對學習內容的鞏固程度等。例如,如果新學的內容與舊內容高度相似,或者學習時間安排得不當,則容易引發更強的倒攝抑制效應。相反,如果新學習的內容和舊有知識有很大的區

別,或者學習者對舊知識有較好的記憶鞏固,那麼倒攝抑制的影響會相對減少。

了解倒攝抑制的原理,可以幫助我們在學習過程中更好地管理時間與學習策略,避免不必要的干擾,提高記憶的穩定性與有效性。

幸福指南

由於倒攝抑制的存在,考前的複習策略需要更加謹慎。在考試前,最好堅持專注於學習,避免在最後階段進行其他活動,因為這些活動會分散我們的注意力、占用大腦的資源,進而導致已學過的內容記憶下降。放鬆的活動,如娛樂、社交等,最好等到考試結束後再進行,這樣不會干擾學習成果。

一個理想的學習模式是:學習後休息,然後再學習,重複這個循環。這種方法能夠幫助大腦鞏固記憶,提升學習效果,最終取得更好的成績。

此外,每天的充足睡眠也至關重要,特別是考試前一天的晚上。一夜好眠能夠讓大腦得到充分的休息,讓你第二天精神煥發,輕鬆應對考試。因此,在考前不宜熬夜,保持充足的休息才能達到最佳學習效果。

為甚麼總在重要的考場失利？

生活視角

在許多體育節目中，我們常常看到一些原本被認為有望奪冠的選手，卻在決勝時刻發揮失常，未能如願。2004年雅典奧運會上，美國射擊選手馬修・埃蒙斯（Matthew Emmons）在最後一槍打錯目標，將金牌拱手讓給了中國選手賈占波；而在四年後的2008年北京奧運會上，埃蒙斯在男子50公尺步槍決賽中一度領先超過四環，只需保持穩定的表現便可穩拿金牌，但在決勝槍的時候，他僅射出了4.4環，最終無緣金牌，僅獲得第四名。

為什麼在重大比賽中，這些看似強勁的選手卻總在關鍵時刻崩盤呢？其實，這樣的情況不僅發生在運動場上，許多學生也會面對類似的情形——平時表現優異的他們，卻在正式考試時未能發揮出色。

「實力雄厚」與「賽場失誤」之間的差距，往往源自於抗壓性問題。這種情況的主要原因是「得失心過重」和「自信心不足」。有些人平時的表現非常優異，經常處於聚光燈下，周圍人對他們寄予厚望，這種心理定勢使得他們心中埋下了「只能成功，不能失敗」的種子。在考試等重要場合，這種強

第 3 章　學習心理學：你學會如何學習了嗎？

烈的心理包袱反而會讓他們變得焦慮，無法發揮出應有的實力。同樣的，某些人缺乏足夠的自信心，會在關鍵時刻感到怯場，從而束縛了潛能的發揮。

詹森效應（Jansen Effect）是一個關於壓力對表現的影響的心理學現象。根據研究，當個體面臨過大的心理壓力時，往往會感到焦慮，這會影響他們在考試、比賽或其他重要情境中的表現。例如，一位學生每年準備重考，已經參加了兩次大學考試，但由於過度的緊張，結果都落榜。這位學生在考試中經常會遭遇詹森效應的影響。第一次考試時，他在考英語時遇到了一道閱讀理解題，突然心情焦慮，開始無法集中注意力，視力模糊，結果最後錯失了本應有的分數。第二次考試時，他依然無法克制自己的焦慮，反而對熟悉的題目感到陌生，結果又以少許差距落榜。雖然他不斷努力，但面對即將到來的考試，他的焦慮情緒越來越強烈，甚至在考前就開始擔心再次出現「崩盤」的情況。

為了應對考場上的壓力，學生或任何面對高壓挑戰的人，需要學會調整心態。了解「詹森效應」及其對表現的影響，學會控制焦慮，保持冷靜和自信，是應對考場壓力的關鍵。只有正確認知到壓力來源，並采取有效的應對策略，才能在真正的考試中發揮出自己的最佳水準。

心理層面

詹森效應

詹森效應源自一名名為丹·詹森（Dan Jansen）的運動員，這位運動員平時訓練有素，實力不容小覷，但在實際比賽中卻屢屢失敗，讓自己和他人感到失望。這一現象的主要原因在於他過度的壓力和緊張感。後來，心理學界將這種情況定義為「詹森效應」，即在平時表現良好的個體，因為缺乏有效的抗壓能力，而在正式比賽或關鍵時刻未能發揮出色，最終導致失敗。

詹森效應的核心問題是個體過度的壓力源，尤其是對成功的強烈渴望。當人們對成功有過高的期待，這種內心的壓力和焦慮感會逐漸升高，反而讓他們無法在關鍵時刻充分發揮潛能。

其中一個心理學上的現象，能很好地解釋詹森效應的根本原因，那就是「目的顫抖」。有一位心理學家曾進行過一個實驗，實驗要求參與者將針穿過小小的針眼。在這個過程中，越是集中注意力，越是強烈地想要達到目標，反而會讓穿線變得更加困難。也就是說，當目標的渴望過強，人的專注力反而會變得過於緊繃，反而失去了應有的靈活性和應對能力。

第 3 章　學習心理學：你學會如何學習了嗎？

　　這種「目的顫抖」的現象可以解釋為，當個體過於專注於成功，且對結果過於焦慮時，大腦會產生過多的緊張情緒，從而妨礙自然的反應和表現。因此，對於那些面臨高壓挑戰的人來說，過強的渴望和焦慮會扼殺原本可以輕鬆達成的目標。

　　為了避免詹森效應對表現的負面影響，關鍵在於調節心理壓力。了解過度緊張和焦慮對表現的影響，可以幫助人們在面對重要時刻時保持冷靜。學會放鬆心態，減少過度渴望成功的心情，保持專注於過程，而非結果，能夠讓人更好地發揮潛能，成功突破壓力，達到理想的表現。

幸福指南

　　對許多考生來說，最擔心的就是在考試時無法發揮出應有的水準，這無疑是最令人遺憾的事。那麼，如何擺脫「詹森效應」，提升考試表現呢？以下幾個方法可以幫助你走出困境，發揮最佳實力：

1. 正確看待正式考試

　　正式考試並非不可戰勝的怪獸，它與平時的模擬考試並無太大區別，只不過它是檢驗你知識和能力的一種方式而已。當然，它也考驗你的抗壓能力。如果條件允許，考前可以到考場熟悉一下環境、了解考試規則，這樣能減少考場上的陌生感與恐慌感，讓自己更加冷靜應對。

2. 避免過度焦慮

適度的焦慮有助於提升專注力，促進學習表現，但過度的焦慮會反而妨礙正常發揮。如果你心中有「一定要考上」的焦慮，或者擔心考不好就會失敗，這些過大的壓力往往會引發負面情緒，影響考試中的表現。要學會放鬆自己，讓自己處於輕鬆的狀態，這樣才能發揮出正常的水平。

3. 提高考試策略

平時的考試多是針對某一個知識點，而大考則更多考察的是各科知識的整合與應用。因此，在備考期間，應該加強對知識的綜合理解，並提高解題的靈活性。同時，對於過去的考試經驗要進行反思，找出不足並尋求改進的策略，這樣能夠在大考中更有信心。

4. 親人要保持平常心

親人的期望往往會成為考生的一個壓力來源。因此，家人應該保持平常心，避免對考生有過高的期望。對考生來說，他們需要的不是「一定要考上」這樣的壓力，而是更多的支持與鼓勵。家人應該讓考生感到放鬆，減少他們的內疚感和焦慮，這樣才能幫助他們在考試中保持最佳狀態。

5. 給自己正向暗示

如果在考場上感到緊張，可以先做幾次深呼吸，並對自己進行正向暗示，比如心中默念「我一定要認真、仔細做題」。不要告訴自己「不要緊張」，因為這樣只會讓自己更加焦慮。要給自己正向的心理暗示，保持自信，這樣可以有效減輕緊張感，幫助自己發揮出最好的水平。

無論平時成績如何，考試中的關鍵是冷靜與自信。保持平常心態，調整好心理狀態，不讓過大的壓力影響你的表現。考試不僅僅是知識的較量，還是抗壓能力的比拚。只要你能保持冷靜、克服焦慮，並且不讓自己在考場上先自我打敗，就一定能交出一份滿意的答卷。

慣性思維讓你無法獲取新知識

生活視角

當來訪者來到心理諮商室，經常帶著沮喪的情緒，說道：「我實在無法改變，我完全陷入困境中。」這時，我們能夠判斷，這位來訪者多半是陷入了自己的慣性思維中。

每個人都有自己的經歷和生活背景，這些背景不可避免地會影響我們的思考方式。即使是那些智商極高的人，也無法完全擺脫慣性思維的束縛。慣性思維是一種固定的思考模式，它會讓我們依賴過去的經驗，忽視新的可能性，從而限制了我們的思維和學習。

美國科幻作家艾薩克・艾西莫夫（Isaac Asimov）曾分享過一個關於自己的故事：他從小就非常聰明，並多次參加智商測試，得分都在160左右，被認為是天才。他自信滿滿地認為自己在智力上超凡脫俗。直到有一天，他遇到了一位熟識的汽車修理工，這位修理工提議出一道思考題給艾西莫夫，考驗他的智力。

這道題目講述的是一位聾啞人想買釘子，並用手勢與售貨員溝通的情景。艾西莫夫順利地回答了問題，並自信地認為自己完全理解了這個情境。然而，當問題轉到一位盲人想

第 3 章　學習心理學：你學會如何學習了嗎？

買剪刀時，艾西莫夫的答案卻錯了。他回答說盲人會用手勢表達想買剪刀，然而，修理工笑道：「盲人直接說『我買剪刀』就行了，為什麼要做手勢呢？」這讓艾西莫夫十分尷尬。儘管智商高達 160，艾西莫夫仍然因為過度依賴自己過往的知識和經驗，而陷入了慣性思維的困境。

修理工的話也許引起了艾西莫夫的深思：「你的教育使你無法跳出固有的思考模式，這反而成為了一種束縛。」這表明，過度的知識和經驗可能會固化思維，限制我們的創新和靈活應變。

這一情況也恰恰反映了我們日常學習中的一個大問題——慣性思維。這種思考習慣讓我們更容易選擇熟悉的方式，而不是去嘗試新的思路和方法。學習者往往因為過去的成功經驗，固守某種已知的模式，從而錯過了更多的創新機會。

在學習和思考的過程中，我們應該有意識地克服慣性思維，讓思維更加開闊、深刻、靈活和敏捷。1970 年代，華裔科學家丁肇中對當時普遍認為的三種夸克理論提出了質疑。當時，科學界普遍認為，三種夸克可以解釋所有粒子現象，這一理論幾乎是無人質疑的。然而，丁肇中並未接受這一既定結論，他決定進行新的實驗來尋找未知的夸克。在 1972 到 1974 年間，丁肇中使用較低效能的加速器進行實驗，最終發現了第四種夸克。這一發現徹底推翻了三種夸克的理論，並為粒子物理學的進一步發展鋪平了道路。

這一事例告訴我們，當我們過於依賴已有的知識和理論時，容易陷入思維的局限，無法看到更深層的事物。學習是一個不斷探索和反思的過程，隨著對世界的深入理解，許多過去被認為是「真理」的觀念都會被推翻。因此，我們應該隨時警惕自己被慣性思維束縛，保持開放的心態，接受新的想法和挑戰。

為了突破慣性思維的限制，我們需要保持對新知識的好奇心，勇於挑戰傳統觀念。在學習和工作中，我們應該意識到自己的思考模式，隨時保持靈活的思考方式，避免固守一成不變的框架。只有這樣，我們才能夠不斷超越自我，開創更多可能，實現更深層次的成長。

心理層面

慣性思維

慣性思維，是指人們在過去的經驗中形成的一種固定心理模式，這種模式會影響後續的思考、分析與行為反應，並在面對問題時常常依賴既有的解決方式。這樣的思考模式讓人習慣性地以既定的方式來看待事物或反應問題，即以固定的思路來思考問題。每個人在思考過程中都可能會產生慣性思維，這是知識積累過程中的一個自然現象。然而，負面的慣性思維，卻往往成為創新與學習新知識的障礙，它會讓人

第 3 章　學習心理學：你學會如何學習了嗎？

基於既有的經驗對新問題做出錯誤的推斷，這樣的結論通常帶有很強的個人主觀色彩，並且不準確。

慣性思維有兩個主要特點：首先是思考模式。這些模式是由許多具體的思考活動經過長時間演化所形成的，它們會隨著經驗的積累而逐漸固化成為一種思考方式或程式。其次，慣性思維具有強大的固執性，它不僅逐漸成為一種習慣，甚至會進入潛意識，成為一種類似本能的反應。要改變這種思考模式，並非易事，首先需要清楚地意識到問題所在，並且有意識地加以改變；其次，改變這種思考方式需要勇氣和決心。

雖然慣性思維對解決問題有時會產生負面影響，但在某些情況下，它也能發揮正面作用。它能夠讓人們在執行某些常規任務時變得熟練，甚至達到自動化的程度。這使得人們在思考時能夠省去不必要的試探和摸索，從而提高效率並縮短思考的時間。許多人在解決問題的過程中，往往會因為慣性思維而感到順利且輕鬆，甚至能夠達到事半功倍的效果。

然而，過度依賴慣性思維會使得人的思維變得僵化，對於環境的變化缺乏靈活應對的能力。這會限制我們僅用常規的方式去解決問題，而不嘗試創新或突破，因此會對問題的解決帶來負面影響。不僅如此，慣性思維還會影響我們認識他人以及與人交往的過程。當我們在交際中也依賴這些固定的思考方式時，可能會導致誤解或人際關係的困難。

幸福指南

雖然「士別三日，當刮目相看」，但現實生活中，許多人常常帶著「舊眼光」來看待他人與事物。還有些人，總是以「有色眼鏡」來看待某些群體，譬如「某地區的人總是做壞事」或「某地區的人不守規矩」等，這些偏見正是慣性思維的表現。這樣的思考方式使我們對新知識、新觀念產生排斥，導致思維的陳舊、僵化，並阻礙了自我成長。

在解決未知問題時，我們經常依賴過去的經驗或既有的知識。要提高思維能力，打破原有的慣性思維，更新思考模式，才能促進思維的深化與品質的提升。那麼，如何突破慣性思維、更新思考模式呢？可以從以下幾個方面著手：

1. 突破書本

有一位拳師，擅長拳術，與人討論拳法時滔滔不絕，且在比賽中戰無不勝。然而，當他與自己的妻子打鬥時，卻總是敗下陣來。這位妻子不懂拳術，但每次與丈夫爭執時，卻總能擊敗他。有一天，有人問拳師：「您的拳法怎麼沒用？」拳師憤怒地回答：「這死婆娘每次跟我打架，根本不按套路出牌，結果我的拳法根本派不上用場！」

這位拳師熟習拳術，但他過度依賴固定的書本知識和套路，當面對不按常規的挑戰時，卻無法應對。這正是過度依

賴書本知識所形成的慣性思維，使得原本有能力的人無法突破現狀。

2. 突破經驗

隨著年齡的增長，很多人總喜歡以「經驗」來評斷年輕人的做法，並常說：「我走過的橋比你走過的路還多，這件事你肯定做錯了。」然而，這種「經驗主義」的思考方式常常會讓人陷入固有的框架，無法獲得新的經驗。

有一個關於跳蚤的實驗，將一隻跳蚤放入鐵筒裡，並蓋上玻璃板。最初，跳蚤試圖跳出筒外，但每次都被阻擋，經過幾次失敗後，跳蚤放棄了跳躍。當移開玻璃板後，跳蚤卻再也不嘗試跳出，因為它認為跳躍是無望的。這種「經驗」並不可靠，反而限制了它的行為。

突破經驗定勢需要一種「初生牛犢不怕虎」的勇氣。這種勇氣源自於對未知的開放態度，因為對新事物沒有既定經驗束縛，反而能夠勇於嘗試新的方法和觀念。

3. 突破視角

一位富有的婦人擁有一個美麗的私人園林，然而每逢週末，都有許多人來園中採花、野餐，使得園林變得骯髒不堪。這位婦人想出了辦法，在園林周圍設置標誌，告訴人們如果被毒蛇咬傷，需要花半小時開車才能到達最近的醫院。

結果，這一方法奇效，沒有人再敢闖入她的園林。

這個例子展示了如何變換視角，將堵塞變為疏導，輕鬆達到目的。當我們在面對挑戰時，學會變換視角，往往能獲得意想不到的解決方案。

4. 突破方向

英國作家蕭伯納有一次參加宴會時，遇到一位資本家，這位資本家揶揄他：「蕭伯納先生，一見到您，我就知道世界上正在鬧饑荒！」蕭伯納毫不生氣，反而微笑回應：「哦，先生，我一見到你，就知道饑荒的原因了。」

這是一個很好的例子，展示了如何突破方向定勢。傳統的思考方法總是直觀地將問題歸咎於外部因素，而有時候，逆向思考能夠讓我們找到更多創新的解決方法。

5. 突破維度

德國女子艾瑪擁有一輛特殊的小車，車頂上長滿了草。她將培養土固定在車頂上，並種上了茵茵青草。這輛車無論開到哪裡，都成為一道獨特的風景。這打破了我們對草生長位置的固有認知，將車頂變成了草地，展現了不同的思考維度。

我們對事物的認知應該從多角度、多層次、多領域去思考，而不僅僅依賴單一的視角。只有突破這些慣性思維，才

能實現真正的自我超越。

慣性思維往往讓我們陷入固有的框架與模式中,限制了創新與成長。要突破這些束縛,我們需要保持開放的心態,勇於嘗試新的觀點與方法。隨時保持靈活的思考方式,並注意變換視角,才能在面對困境時找到更多的解決途徑,開創無限的可能。

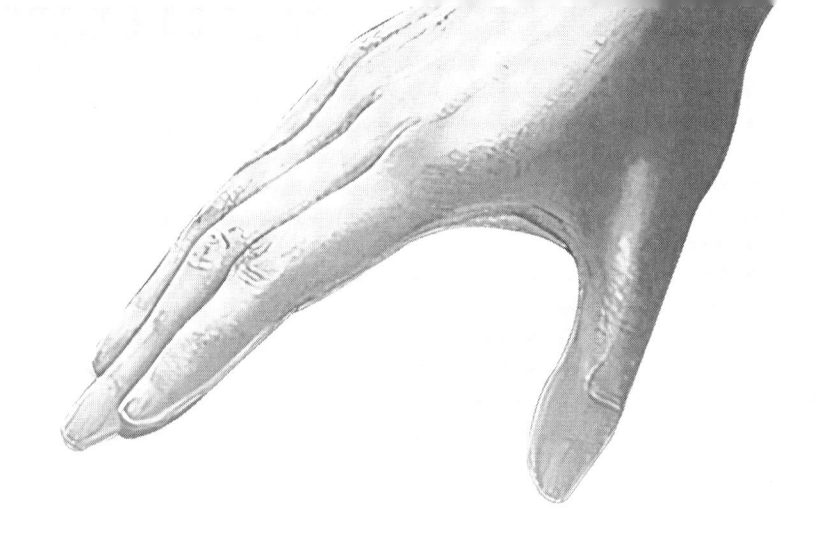

第4章
社交心理學：
人際交往的潛規則

第 4 章　社交心理學：人際交往的潛規則

為何外貌在社交中如此重要？

生活視角

有句話說：「人不可貌相，海水不可斗量」，雖然大家都知道這句話，但在人與人之間的交往中，這種「以貌取人」的情形卻屢見不鮮，尤其是在形成第一印象時。通常，外貌較為吸引的人往往更容易受人歡迎，而外表不那麼出眾的人則可能會遭遇冷落。這是為什麼呢？

心理學家蘭德和阿倫森曾經在 1969 年進行過一項有趣的實驗。他們讓一群假扮法官的研究者對罪犯作出判決，結果發現，外貌吸引的人往往被判刑較輕，而外貌普通或不吸引的「罪犯」則被判刑較重。

此外，沃爾斯特等人也進行過相似的實驗。他們讓 332 名大學生參加舞會，舞會結束後詢問他們是否願意再次與對方共舞。結果發現，外貌吸引的人比起外貌較為平凡的人，能夠再次被選中的次數多出一倍以上。

另一個心理實驗更明確地顯示了人們愛「以貌取人」的行為傾向。在這項實驗中，參與者被要求從一堆不認識的照片中分辨出「好人」和「罪犯」，結果人們很容易受到外貌的影響，依據外貌來做出分類。

前蘇聯心理學家阿列克謝・包達列夫（Alexey A. Bodalev）曾以 72 人為樣本，調查他們對外貌的理解。結果顯示，許多人會根據面部特徵來推測性格特徵，比如認為寬額頭代表智慧，方下巴象徵意志堅強等。這種基於外貌的推斷，往往帶有偏見，並且並不總是正確的。

此外，心理學家阿倫森的實驗也揭示了外貌如何影響我們對一個人的看法。他將大學生分為兩組，讓他們聽取同一名女性的發言。在其中一組，這名女性打扮得漂亮且有精神；而在另一組，她則素顏出現。儘管發言內容完全相同，但在第一組中，這名女性的發言被認為更具說服力，並且得分更高。

這些心理學家們的實驗結果顯示，「以貌取人」是一個普遍現象，並且這種偏見對我們的判斷有著深遠的影響。事實上，不僅普通人，即使是像孔子這樣的聖人，也會犯這樣的錯。

孔子有許多弟子，其中一位名叫宰予，口才出色，善於辯論，起初孔子對他的印象非常好，也很看重他。然而，隨著時間的推移，孔子逐漸發現宰予缺乏仁德，且非常懶惰，是全白天不讀書聽講，而是躺在床上睡覺。孔子最終批評他是「朽木不可雕」，並深感後悔，自己曾經因為宰予的辯才而高估了他的人格，孔子自嘲說：「以言取人，失之宰予。」

孔子另一位弟子，名叫澹臺滅明，字子羽，他的外貌非常普通，甚至有些醜陋。最初，孔子認為子羽資質平庸，不會成才，但子羽在拜師學習後，專心修身，行事光明正大，

並且不以公事為名去與權貴交往。最終，子羽聲譽大振，成為了長江一帶的名人，受到了諸侯國的推崇。孔子聽聞後，深感慚愧，說道：「以貌取人，失之子羽。」

為什麼不論是普通人還是聖人都會犯這樣的錯呢？用心理學的理論來解釋，這正是「光環效應」（Halo Effect）在作祟。光環效應指的是人們往往根據一個人某一方面的突出特徵（如外貌、個性或某項能力），就對其整體印象做出偏頗的評價。外貌出眾的人容易被賦予更多正面特徵，而外貌不佳的人則常常被低估。這樣的偏見讓我們無意識地將外貌和性格、能力等其他層面混為一談，從而影響我們對他人的全面評價。

「以貌取人」的現象無處不在，不僅影響我們的社交行為，也影響我們的決策和判斷。為了避免這種偏見帶來的影響，我們需要保持理性，意識到外貌與一個人的性格或能力並不完全對等。克服光環效應，學會全面和客觀地評估他人，才能促進更加公正和有效的人際交往。

心理層面

光環效應

光環效應，亦稱「月暈效應」，是一種認知偏誤，指的是在形成第一印象時，個體對他人的某些特徵或行為的好惡感

受,會影響對他人整體印象的形成。當我們對某人的某些特徵有了偏好或反感後,這種初步印象會影響我們對其其他特徵的評價。例如,如果我們對一個人的外貌有好感,往往會對他的性格、能力等其他方面也持肯定態度。

光環效應可以視為一種以偏概全的現象,通常在人們無意識的情況下發生。它使得一個人的優點或缺點被誇大,而其他特徵則被忽視或低估。例如,當我們認為某人很有魅力時,我們會自動將這一魅力延伸到其他方面,甚至認為這個人做的任何事物、交的朋友、甚至家庭環境都會是好的。

研究顯示,光環效應在初次接觸某人時更為顯著,尤其是對外貌的評價。隨著與某人的接觸增多,這種基於外貌的偏見會逐漸減弱。這也解釋了為什麼即使某人長相不突出,當我們與他建立起熟悉感和情感聯繫後,往往會覺得他變得更為吸引人,這是因為我們對他的好感使得其他外貌上的缺點顯得不那麼重要。

光環效應讓我們的判斷變得簡單,卻也容易陷入片面性,忽略了全面的思考。了解光環效應的存在,有助於我們在日常生活中更加理性地評價他人,避免因為偏見而做出不公正的評價。

第 4 章　社交心理學：人際交往的潛規則

幸福指南

在日常生活中，光環效應往往悄無聲息地影響著我們對人的認知與評價。最常見的就是「偶像崇拜」，無論是青少年還是成年人，都會因為喜愛某個名人而對其產生近乎完美的想像。然而，當這些明星爆出醜聞時，我們往往感到驚訝，這是因為我們對他們的形象根本是基於螢幕或媒體所塑造的「光環」，而非他們真實的人格特質。

光環效應的最大弊端就在於「以偏概全」。雖然我們知道事物的某一特徵並不代表其整體本質，但我們卻往往習慣於從某個部分推及整體，並為其附上不合適的標籤。戀愛中的「一見鍾情」便是這個現象的表現，當我們對對方的某個特質（如外貌）有好感時，會忽視對方在思想、性格等方面的差異，甚至將對方的缺點視為可愛之處。

光環效應尤其在初次接觸他人時更為明顯。某些個性特質或外貌特徵雖然並不相關，但我們卻容易將它們連繫在一起。例如，一個看上去體面、微笑滿面的人，往往會被視為正直或心地善良。然而，這樣的第一印象往往顯得膚淺，並不一定能真實反映一個人的全貌。

光環效應還具有擴散性，這就是「愛屋及烏」的現象——當我們對某人有良好印象時，會不自覺地對與他相關的事物產生好感，這是一種情感的無形擴散。

在光環效應的影響下，我們容易作出錯的判斷，並因此產生偏見。那麼，我們該如何避免被光環效應所誤導呢？

1. 注意「第一印象」並不可靠

第一印象通常帶有先入為主的偏見，容易對後續的交流產生深遠的影響。由於初次接觸的資訊通常比較有限，且容易是外顯的，常常帶有一定的虛假性，因此我們應該冷靜、客觀地對待第一印象，並保持修正甚至推翻第一印象的心態。理解到第一印象的局限性，有助於避免它對我們判斷的負面影響。

2. 注意不斷修正「刻板印象」

刻板印象是基於簡單的概括，將人歸類並貼上標籤。比如，提到文人我們會想像他們「文質彬彬」，提到商人則會覺得他們「唯利是圖」。這樣的印象雖然有時對理解某一群人有所幫助，但往往過於簡單，並且忽略了每個人的獨特性。為了正確認識他人，我們應該不斷修正自己腦海中由刻板印象所造成的假象，並認知到人的多樣性。

3. 注意提防自己的「投射效應」

投射效應（Projection Effect）指的是我們會將自己的特質投射到他人身上，從而解釋他們的行為。有些人會將自己

的正面善良加諸於他人,認為他們也會表現出同樣的特質;而有些人則會以懷疑的眼光來看待他人,認為他人也充滿疑慮。這種投射效應往往是不自覺的,並且會加強光環效應,導致各種偏見。因此,我們應該時常反思自己的情感和判斷,避免不理性地將自己的情感投射到他人身上。

4. 打破「循環證實」

當我們對某人存有偏見時,這些偏見往往會自動得到「證實」。例如,如果我們對某人抱有懷疑,對方的某些行為就可能會讓我們更加堅信自己的看法,而這種情緒的反應會進一步加強我們的偏見,形成一個惡性循環。這就是心理學中的角色互動和雙向回饋效應。為了避免這種循環,我們應該理智檢討自己的情感偏見,確認自己的態度和行為是否正受到光環效應的影響。

既然光環效應那麼容易在我們的第一印象中發揮作用,我們該如何利用它來達成自己的目的呢?一個有效的策略是注重自己的儀表和舉止。研究發現,超過50%的第一印象是由外貌所決定的,因此,保持整潔的外觀和自信的姿態,可以有效提升他人對你的好感。例如,乾淨整齊的髮型、端正的服裝,都能讓你在他人心中建立起正面的第一印象。

實驗也顯示,當見到陌生人時,頭髮的樣式比臉部特徵更容易吸引他人的注意。長髮常被認為是健康和性感的象

徵，而短髮則顯得更加自信和成功。自然或中長的髮型則能讓人感覺更智慧和真實。

與人握手時，目光的接觸、乾爽且堅定的握手姿勢，也能傳遞出信任感。研究表明，堅定有力且自然的握手，能夠讓他人對你產生更高的信任感，從而打破初印象中的隔閡。

如果你覺得自己外表不佳，也不必灰心，誠懇待人同樣能為你贏得好感。你的真誠可以創造出一個正向的「光環」，讓你在他人眼中散發魅力。

光環效應不僅能對他人產生深遠的影響，也能在我們自己身上創造機會。理解並合理運用光環效應，讓我們在第一印象中展示出最好的自己，同時保持理性與客觀的態度，避免偏見與誤判，能夠促進更加和諧和真誠的人際交往。

第 4 章　社交心理學：人際交往的潛規則

◯ 自我揭露：拉近人際關係的關鍵

生活視角

我們每個人都生活在人際網絡中，無論年齡大小，都渴望得到他人的喜愛。內心深處每個人都有對愛的需求，這種需求與對食物的渴望一樣，根深蒂固且無法忽視。

儘管每個人都渴望愛與被愛，但在與不同的人打交道時，如何促進彼此之間的關係呢？許多人抱怨自己的人際關係不理想，總感到孤獨。這並不一定是因為這個人本身不好，而往往是因為他將自己的想法和感受封閉起來，不願與他人交流。當別人向他表露心聲時，他卻總是選擇保持沉默，這並不一定是因為他內向。

有些人在社交場合非常健談，看似有很強的社交能力，無論是國家大事、體育新聞還是明星八卦，他們都能滔滔不絕地談論。然而，當話題轉向較為私密的問題時，他們卻會迅速轉移話題，避免透露自己的真實想法。由此可見，即使是健談的人，也可能對自己敏感的問題有著強烈的抵觸心理。

相反，有些不善言談的人，卻能在與他人的交往中袒露內心的想法，讓人感覺非常真誠。這樣的人反而能夠迅速拉

近彼此的距離。

「人之相識，貴在相知；人之相知，貴在知心」，若想交到好朋友，就有必要表露真實的感情和想法。真誠地向他人傾訴心裡話，坦率地展示自己，將自我展示給他人，才可能建立深厚的情感聯繫。

如果自己始終處於明處，而對方卻總是隱藏自己，這樣的關係往往不會讓人感覺舒適或安全。自己表露感情，對方卻保持沉默不語，這樣的局面很難激起親切感，反而可能讓自己感到疏遠。然而，如果對方先向你表達了內心深處的感受，你會感受到他對你的信任，想要與你進一步溝通情感，這樣就會迅速縮短你們之間的距離。

有位電影明星在演藝圈的發展受到了阻礙，他請教了一位心理專家。原來，他在主演一部新片後，受到媒體的批評，這使得他心情低落，感到非常迷茫。於是他向心理專家訴苦。心理專家建議他：「把你內心最隱秘的想法公之於眾。」這位明星聽從了建議，舉行了三次記者招待會，勇敢地展示了自己內心的掙扎。沒過多久，他便卸下了心理包袱，並且重新贏得了媒體的支持與公眾的喜愛。

這種自我揭露所帶來的真誠感，讓他贏得了他人的好感。根據心理學家的研究，真誠是最吸引人的品質之一，這也是這位電影明星能夠成功逆襲的原因。

第 4 章　社交心理學：人際交往的潛規則

　　一個真誠的人，可能並不善於言辭，甚至外表顯得有些木訥，但他卻有許多知心朋友，當他遇到困難時，總是有人主動伸出援手。而那些看似朋友多多，總是應酬不斷的人，卻未必擁有真正的知心朋友。他們的交往往只是表面功夫，朋友多但情感淺薄，並且這些朋友能感受到自己只是被需要，而非因為情感的真摯，因此，這些人的情感世界往往依然孤獨。

　　美國社會心理學家西迪尼・朱亞德透過一系列實驗得出結論：適度的自我揭露會增進他人對自己的喜愛。如今，很多人都在經營自媒體，這也是一種自我揭露。透過分享自己的內容，無形中會增加自己的影響力和好感度。

　　當人們與那些自我揭露較多的人交往時，也更容易進行更多的自我揭露。這是因為人們有回報他人行為的傾向。例如，在朋友間聊天時，當一方開心地訴說心底的秘密時，另一方也會自然地分享自己的感受和故事。

　　自我揭露和對方的贊同程度密切相關。當我們獲得對方的認可和支持時，往往會更願意透露更多的自我。反之，若對方對我們的揭露不贊同，我們會選擇更少地分享。

　　人們往往更喜歡那些與自己有相同自我揭露程度的人。如果某人的自我揭露過於深入，而自己尚未準備好進入那樣的親密關係，便會感到焦慮和不安。

自我揭露能有效拉近人際距離，促進信任和親密感。在日常生活中，我們應該以真誠為基礎，適度地展示自己，這不僅能增強他人對自己的喜愛，也能促進更深入的人際關係。透過真誠的自我揭露，我們能夠打破彼此之間的隔閡，建立更加牢固的情感聯繫。

心理層面

自我揭露

自我揭露是指將自己的想法、感情、經歷以及人生觀等坦率地向他人分享，這是一種建立信任和加深人際關係的重要方式。

自我揭露有兩種主要形式。一種是將自己對對方所經歷的事情的感受表達出來，這些感受可以是正面的，也可以是負面的；另一種則是分享自己與對方所談話題有關的個人經驗。

隨著信任和接納程度的提高，雙方在交往中會逐漸更多地揭露自己。自我揭露的程度由淺入深，大致可以分為四個層次。最初是興趣愛好方面的分享，比如飲食習慣、偏好等；接著是態度方面的揭露，像是對人、對事或對政府的看法和評價；再來是關於自我概念和人際關係的揭示，例如自己對某些情感的自卑、與家人的關係等；最深層次的自我揭露則

涉及隱私，如個人的性經驗或一些不被社會接受的思想和行為。

當你開始將長期隱藏在內心的秘密和隱私向他人敞開時，你會驚訝地發現，自己的人際關係變得更加融洽。自我揭露之所以能改善人際關係，是因為當你坦誠地向對方揭示自己時，對方也會做出相應的情感回應，從而促進彼此之間的情感交流。雙方在不知不覺中加深了了解，人際關係也變得更加密切。此外，透過這樣的交流，你還可以從對方那裡了解自己未曾注意到的方面，進而改進自己。隨著自我揭露的深化，這些人際互動將有助於你更好地發展自己。

幸福指南

自我揭露是指將自己的想法、感情、經歷和人生觀等坦率地向他人表達。這是一種讓他人了解自己、建立真誠關係的重要方式。

自我揭露有兩種主要形式。一種是自我投入對方的感受中，這些感受既可以是正向的讚揚，也可以是負向的批評；另一種則是與對方有關的個人經歷的揭露。隨著交往過程中信任程度和接納度的提升，雙方會越來越多地揭露自己。

當你向他人揭露自己的感受、想法和經歷時，這會讓對方感覺到你的真誠，並建立起信任。信任是加深親密關係的

基石，而自我揭露正是建立信任的重要途徑。當我們對他人保持開放、真誠的態度，對方也會感受到你的真心，並願意與你分享他們的內心世界，從而促進關係的發展。

然而，自我揭露需要適度。過度揭露自己，尤其是在初識的階段，會讓對方感到不適，甚至產生距離感。相反，過於封閉的人則難以建立起深厚的關係，因為他們無法讓他人真正了解自己。理想的自我揭露應該是循序漸進的，從較為輕微的個人經歷到逐漸深入的情感和想法，這樣可以幫助雙方在建立信任的基礎上進一步深化彼此的情感聯繫。

對於那些不善於自我揭露的人，可能會因為害怕被批評、擔心暴露自己的缺點而避免與他人分享自己的內心世界。這些情緒的根源在於對自我形象的過度關注，認為自我揭露會讓自己顯得脆弱或不完美。然而，正是這種脆弱的表現，能讓我們與他人建立更真誠、親密的關係。

如果你對自我揭露感到不安，可以嘗試與朋友進行角色扮演，讓朋友來模擬你自己，而你則扮演批評或嘲笑他人的角色。這樣的練習能讓你意識到，自己對於揭露的恐懼往往是不必要的，而這種恐懼在旁人眼中往往顯得微不足道。

另外，面對自我揭露的焦慮情緒，也可以選擇直接面對它。例如，在公眾場合或熟悉的朋友圈中，試著向大家分享自己的脆弱面，這不僅能幫助自己釋放壓力，也能讓自己發現，這些焦慮在他人眼中根本不值一提。

有趣的是，在現代的網絡社交中，許多人反而會選擇在虛擬空間中進行自我揭露。由於網絡社交具有相對隱私性，人們在虛擬的環境中往往感覺到風險較低，焦慮和羞恥感相對較小。因此，網絡成為了許多人宣洩情感和解壓的一個有效途徑。對於那些在現實生活中難以找到適當對象進行自我揭露的人，網絡平台也提供了一個發聲和自我釋放的空間。

　　自我揭露在促進人際關係中發揮著不可忽視的作用。它能幫助我們拉近與他人之間的距離，建立真誠、深厚的信任。當我們勇敢地揭示自己，表達真實的感受和想法時，不僅能夠讓自己更加真實和開放，也能促進他人對我們的理解和支持。儘管自我揭露需要適度，但當我們能夠找到合適的時機和對象，進行恰如其分的分享時，無疑會在情感層面獲得更多的回應和共鳴。

找到共通點

生活視角

　　你是否曾經注意到，在某些社交場合，總會聽到這樣的對話：「聽你口音，是不是來自某個地方啊？……哈，我也是！」或者「我也去過那個地方，我曾經……」，又或者「像我們這個年齡階段的人，都……」。這樣的交流方式看似隨意，卻能快速拉近彼此的距離。

　　尋找與對方的相似之處是人際交往中最直接且有效的方式，無論是出生地、年齡、性別、就讀的學校、工作單位、所處的社會地位，還是人生階段，都能成為建立共通點的橋樑。只要找到這些相似之處，便能打破隔閡，讓彼此之間的好感與信任迅速升溫。

　　這樣的現象也印證了「物以類聚，人以群分」的說法。當兩個人在某些方面有共通點時，他們會自然地靠近對方，形成自己的社交圈。而這樣的共通點越多，彼此的吸引力也會越強，從而促進關係的發展。

　　美國心理學家西奧多・紐科姆（Theodore Newcomb）曾在密西根大學進行過一項實驗，實驗對象是 17 名大學生。研究結果顯示，人們更喜歡和自己相似的人交朋友。在這項實驗

中,研究人員根據學生的一些特徵,將部分相似的大學生安排在一起居住,另外一部分特徵相異的大學生也被安排在一起。經過一段時間後,發現特徵相似的學生通常彼此接受並建立了友誼,而特徵相異的學生則即便朝夕相處,也很難建立深厚的友誼。

那些成功建立友誼的學生,彼此之間有很多共同點,例如興趣愛好、宗教信仰以及對社會時事的看法等。這些共同之處讓他們的交流更為順暢,感情也更加融洽,因此彼此之間的戒備心較低,有利於深入交往。相比之下,特徵相異的學生,由於對對方存在戒備心理,彼此之間缺乏共同的語言,導致難以建立深厚的友誼。

進一步的研究還發現,只要對方在某些方面和自己相似,即便在其他方面有所缺陷,也能吸引自己。這是因為相似性會減少警惕心和抵觸情緒,讓人們更容易接納對方。

同時,研究還發現,與自己相似的人更容易相處。這些人在性別、年齡、學歷,甚至生活經歷上都有很多共同點,這樣的共通性使得彼此之間容易找到共同的語言,減少爭辯和衝突,並更容易獲得對方的支持和理解。這種相似性不僅能增加內心的穩定感,還能在外界的壓力下形成一個更為堅固的支持系統。

人們往往選擇與自己相似的人相處,這背後反映了一種自我防衛的心理,即害怕被反對或受傷害,並尋求認同和

支持。這種親和動機正是人類天生的社交需求，當我們與與自己相似的人在一起時，能夠更輕鬆地面對外界的挑戰和壓力。

無論是在交友還是職場合作中，尋找與對方的共通點都是建立良好關係的關鍵。相似性讓我們的交往更加輕鬆，並促進了信任與支持的建立。理解這個心理原理，能幫助我們更好地與他人建立關係，並在生活中尋找到更多的認同和支持。

心理層面

親和動機

親和動機是人類主要的社會動機之一。它代表了個體對孤獨的恐懼，以及希望與他人建立友好和諧關係的心理傾向。親和動機推動著人們積極地參與社交，尋求群體認同與接納，這是人際吸引力的基礎，也是最基本的人際需求之一。

親和動機源於對社會性的需求，這些需求包括交往、尊重、愛的需求等。當人們處於孤單的情境中時，他們的資訊來源往往十分有限，會產生不適應或不安全的情緒。而親和動機的驅使，讓人們積極地參與社交活動，從而獲得對生存和發展有益的資訊。這不僅能滿足人們對情感交流的需求，

第 4 章　社交心理學：人際交往的潛規則

還能幫助人們在社交中獲得支持與認同。

親和動機還有助於緩解人們的心理壓力。當人們處於快樂的時刻，與他人共同分享愉快的心情；而在痛苦和困境中，與他人共度難關，也能減輕心理上的沉重感。在群體中，如果一個人孤立無援，不僅容易感到窘迫，還可能面臨他人負面的評價。因此，親和不僅是社交的需求，也是一種避免社會排斥和孤立的必要心理機制。

親和動機促使人們尋求社交聯繫，幫助人們獲得支持與認同，從而維護自身的情感和心理健康。理解親和動機能讓我們更好地理解自己和他人的社交行為，並在日常生活中建立更有意義的人際關係。

幸福指南

初入職場的時候，記得有次參加業界聚會，對於那群完全不認識的人感到無比緊張。其他人都已經成為小圈子，談論著私人話題，我顯得格外孤單，彷彿成為了局外人，心裡有著強烈的衝動想要立刻離開。然而，當我發現另一位獨自坐在角落的人時，我決定勇敢地走過去向她自我介紹，結果我們成為了在職場上一起成長的好朋友。

很多人難以克服社交恐懼，尤其是當要參加一個已經建立起來的團體時。對於這樣的情況，如果不想成為孤家寡

人,最好的辦法就是尋找與自己有共通點且容易接近的談話圈,並勇敢地走過去。在開口之前,不妨先聽聽他們正在討論的話題,並根據談話的風格來判斷自己是否適合參與。如果不合適,還可以再轉到其他圈子。無論如何,開口之前,觀察和傾聽始終是必要的。

除了學會自然融入團體之外,我們還需要警惕「團隊主義」可能帶來的狹隘思想。相似的人聚在一起確實能增強群體的安全感與凝聚力,但同時也可能因缺乏多樣的聲音與觀點,導致群體活力的喪失和發展的限制。孔子說過:「君子和而不同」,這句話強調了協作與多元化的平衡,只有在尊重不同意見的基礎上,群體才能真正繁榮。

我曾在朋友的部落格上看到一個令人深思的故事,想與大家分享。

故事的主角是一位居士,他到佛教名山拜訪,遇到一位談吐不凡的老僧。居士向老僧表達了自己對佛學的理解,希望能得到指點。結果幾小時過去,老僧只回應了八個字:「是的,是的」或「也對,也對」,無論居士講得如何深入。當居士下山後,思索了很久才領悟到這八個字的含義。當居士的觀點與老僧相符時,老僧便說「是的,是的」,但當居士的看法與老僧不同時,老僧卻依然說「也對,也對」。

這不僅是對自信的體現,也是對不同觀點的尊重。能夠接受與自己不同的觀點,並不輕易產生衝突,這樣的心態能

開闊自己的思維、拓展視野。其實，面對沒有標準答案的情況，能夠以「和而不同」的態度，才是真正達到「雙贏」的境界。這種開放的心態既是對他人經歷和思考方式的尊重，也是讓自己變得更加包容和理智的一種智慧。

與人交往中，能夠尋找到共通點，幫助我們輕鬆融入團體，建立起深厚的關係。而能夠包容和尊重不同的觀點，不僅能促進自己的成長，也能為群體帶來更多活力。真正的「和而不同」不僅能加強內部的合作，也能促使我們擴展思路，從而達到更高層次的和諧與成功。

為什麼人總愛聚在一起抱怨？

生活視角

在一些社交場合，總是能聽到各種各樣的抱怨聲。當這些抱怨得到了朋友的同情，氣氛便變得更加熱烈，每個人似乎都得到了某種滿足感。

其實，抱怨不僅僅是發洩情緒的一種方式，它在某些情況下也成為了人際關係建立的手段。當人們透過抱怨得到他人的同理和理解，往往會產生如遇知音的幸福感。這種情感交流不僅能釋放壓力，還能讓人感覺到彼此間的關聯和支持。

有些人喜歡背後抱怨指責他人，但其實這也是一種間接的方式來讚美自己或對方。他們的抱怨表達了這樣的資訊：我在告訴你這些，因為我並不是這樣的人，而且我知道你也不是這樣的人。這種隱性讚美的方式，有時能讓談話氛圍更加融洽，因為它建立了共同的立場和觀點。

抱怨可以分為兩種類型：一種是實用型，另一種是碎嘴型。雖然兩者都是抱怨，但它們的目的和結果卻截然不同。

實用型的抱怨目的是為了解決問題或改變現狀。比如，當你抱怨塞車或天氣不佳時，可能是在尋找與他人共同的話

題,從而能更深入地交流;或者在向另一半抱怨他沉迷網絡遊戲時,你其實是希望引起他的關注。這種抱怨也有助於釋放內心的壓力,當你告訴朋友自己產後的虛弱與勞累,並且希望得到理解和支持時,這樣的抱怨能有效地釋放情緒,對身心健康有所幫助。

這類抱怨能讓人感到舒適,因為他人聽取了自己的煩惱並提供了同情和支持。即使對方什麼也不說,只是靜靜地聆聽,這本身就能幫助釋放情感。因此,偶爾向親朋好友傾訴心中的不滿,並聽取他人的建議與感受,是人際交流中十分重要的部分。

然而,另一種抱怨——碎嘴型的抱怨,則帶來了截然不同的結果。這些人經常無緣無故地發牢騷,抱怨的內容無關痛癢,甚至會對周圍事物進行無端的挑剔。這樣的人通常情緒煩躁,總是對一切都不滿,並且把這種情緒隨意向他人發洩,往往會讓他們的周圍人感到不愉快。長期的抱怨會使他們失去朋友,因為周圍的人會感到,與這樣的人交往會讓自己的情緒變得更加沉重。

我曾有一個朋友,她的童年經歷使她總覺得自己是最倒楣的人。每當與她相處時,她強大的負面情緒總能迅速消耗我正面的情緒。我發現自己很難保持正面的心態,只能選擇與她保持距離。這種情況並不罕見,負面情緒往往會像病毒一樣傳染給周圍的人,造成大家的情緒低落。因此,我們每

個人也應該意識到自己是否成為了負面情緒的傳播源，並學會控制情緒，保持正向的心態。

適度的抱怨能夠釋放壓力、增強情感交流，但過度的抱怨會讓人感到疲憊。與他人分享困難和不滿時，我們應該保持平衡，避免讓自己的情緒過多地影響他人。學會有效地表達情感，並聆聽他人的困惑，這樣才能建立良好的人際關係，並保持心理的健康。

心理層面

抱怨心理與人際關係

當事情的發展超出人們的心理預期或超出了他們的承受範圍，並打破了心理的平衡狀態時，往往會引發壓力反應。此時，抱怨便成為一種釋放壓力的方式。這種行為不僅是情緒的發洩，也是一種試圖恢復內心平衡的反應。

抱怨成為許多人開始交流的有效手段。人們常常從負面的角度切入話題，因為這樣的角度往往能引起更多人的共鳴，使他們感受到與自己相似的困境或不滿。這種共鳴感促使人際關係的建立和親密感的增強，也解釋了為何人們總是喜歡抱怨，並且在日常生活中，抱怨似乎無處不在。

在這個過程中，抱怨不僅是一種情緒的表達，它還是促進人際交流、增強相互理解的一種方式。當我們與他人分享

第 4 章　社交心理學：人際交往的潛規則

自己的不滿時,對方的同情和理解會讓我們感覺到情感的支持與認同,這有助於建立更深的聯繫。因此,抱怨在某些情境下,可能成為一種促進關係發展的工具。然而,過度的抱怨則會對人際關係造成負面影響,使周圍的人產生疲憊感,甚至選擇遠離。因此,適當的抱怨能促進關係,而過度的抱怨則可能帶來孤立。

幸福指南

抱怨雖然是一種人際交流的常見手段,且實用型的抱怨能夠幫助我們釋放情緒、改善情境,但如果無節制的抱怨則會轉化為碎嘴型的八卦,造成不必要的人際摩擦,甚至損害關係。

如同我們之前提到的,人的天性是會與周圍的環境同步,當你周圍的人總是在抱怨時,你也可能不知不覺中開始模仿這樣的行為。抱怨本身是一種社交手段,它使我們能夠在情感上獲得認同,但若過度地沉浸在負面情緒中,則可能將自己和他人困在負面循環中。要避免成為那種總是愛抱怨的碎嘴型抱怨者,我們需要學會正確地管理抱怨,並選擇合適的時機與方式。

如何有效發洩情緒並避免碎嘴型抱怨？

1. 別挑錯抱怨的事物

抱怨那些無法改變或者本不需要改變的事情只會讓自己更沮喪。例如抱怨天氣常常下雨或是日常小事,這些事物本來就不容易控制,因此只會讓情緒變得更加低落。

2. 確定你想要的改變是必要的

在抱怨之前,請思考清楚,如果你的抱怨發揮作用,最終的結果是否是你所能接受的。假如抱怨使你的另一半像某人一樣賺大錢,但他也因此忽略家庭,這樣的改變你能接受嗎?明確自己的需求,避免盲目抱怨。

3. 抱怨要具體

無論是抱怨服務態度不好,還是抱怨某件事的不如意,都應具體指出問題所在,而不是泛泛而談。舉例來說,不僅要說服務差,而是指出服務人員未曾表示感謝或未提供有效建議等具體行為。

4. 不要光說不練

單純的抱怨並不能解決問題,反而會讓情緒更加激烈。要學會思考自己能做些什麼來改變現狀,而不是僅僅發洩情緒。

5. 注意抱怨的時機

抱怨的對象若情緒不穩定時,這絕對不是抱怨的好時機。此時你無法控制情緒,對方也容易產生反感。選擇恰當的場合和時機進行抱怨,能夠更有效地達成溝通。

6. 提出解決方案

當你表達不滿時,也可以建議具體的解決方案。提出改善建議而非僅僅抱怨,能更快地達成共識,避免長時間的爭執。

7. 書面抱怨

當情緒激動無法平靜時,可以考慮用書面方式來表達。這樣不僅能幫助自己冷靜思考,也能避免情緒過激的反應。寫信或郵件的過程能促使我們理清邏輯,並進行深思熟慮。

8. 以身作則

如果希望改變他人,首先要自我改變。自己在抱怨中起了什麼作用,應該先從自己做起,改變自己,這樣才能真正促使他人的改變。領袖應站在最前線,帶領他人向前,而不是僅僅依賴他人改變。

抱怨是人際交往中的一種常見方式,它能幫助人們釋放壓力、達到情感交流的目的。但過度的抱怨會造成情緒污染,影響人際關係的和諧。因此,學會適度、具體和有建設性的抱怨,不僅有助於解決問題,也能促進良好的交流與關係發展。

為何我們總把自己看得太重？

生活視角

　　翻看過去的集體照片時，大家第一眼看的是誰？許多人回答的都是自己。這也是一個經常被拿來測試自我關注度的小遊戲。當朋友聚會時，即使是最忠實的聽眾，我們也希望大家能注意到自己，聽聽自己的話，並對自己有所評價。現今的社群媒體，透過「按讚」的功能，讓大家樂此不疲地相互給予關注。

　　我們有時會為了穿什麼衣服花太多時間，或者因為突然長了一顆青春痘而感到不安，甚至考慮是否應該放棄參加聚會。這些行為的背後，反映了我們有時過於關注自己，認為自己是世界的中心，並直覺上高估了他人對自己的注意程度。

　　心理學家托馬斯・吉洛維奇（Thomas Gilovich）做了個實驗，邀請康乃爾大學的學生穿上讓人感到尷尬的衣服並進入教室，實驗中的學生預測會有約一半的人注意到他的衣服。然而，最終的結果卻出人意料，只有23％的人實際注意到這一點。

　　這個實驗表明，我們往往會高估別人對我們的關注，並

第 4 章　社交心理學：人際交往的潛規則

過度專注於自我，結果往往放大了自己的突出程度。這反映出我們的自我感覺往往占據了我們世界的重要位置，並誤以為他人也像我們一樣專注於自己。

社交恐懼症患者更容易高估他人對自己的關注。他們對自己在他人眼中的表現過度關注，並且不斷猜測是否有人注意到他們的缺點或異常行為。這種過度的自我專注往往使他們感到孤獨和不幸，因為他們極少關注他人，而總是處於自我評判和擔憂之中。

例如，一些口吃者會特別注意自己的表現，在社交場合中用詞語替代來隱藏自己的口吃問題。他們希望隱藏這一點，但如果在同一社交場合中有其他口吃者，也許這兩人都認為只有自己在掩藏問題，並未察覺對方的相似情況。由於對自己過度關注，他們無法意識到其他人也可能面臨相似的困境。

這個心理現象反映了人類普遍的自我中心性。我們自然會誤以為他人也像我們一樣關注自己，而忽視了其實其他人也可能關心自己的問題或困難。這種過度專注於自我，往往導致我們忽略他人，並加深了孤獨感。

人們天生會高估他人對自己關注的程度，這是心理學上的普遍現象。適當放下自我關注，更多地關注他人，能幫助我們更健康地建立人際關係。理解這一點，有助於減少不必要的焦慮，並開啟更加真誠與開放的交流方式。

心理層面

聚光燈效應

聚光燈效應（Spotlight Effect），也被稱為焦點效應，指的是人們高估周圍人對自己外表和行為關注度的心理現象。這種效應意味著我們常常把自己視為一切的中心，並直覺地高估他人對我們的注意程度。簡單來說，當我們處在聚會或工作場合時，往往會過度關注自己，誤以為周圍的人都在關注我們的一言一行。

這種心理狀態是普遍的，每個人都或多或少會有這樣的經歷。當我們覺得自己在某個場合中處於焦點位置時，我們常常無法避免地將自己的行為放大解讀，誤以為每個細節都被他人關注。

然而，實際上我們並不是眾人矚目的公眾人物，而是生活中的普通人，這些過度的關注其實大多是我們的錯覺。大多數情況下，其他人其實更關注的是自己而非我們。所以，這種對自我過度關注的心理效應往往會加劇我們的焦慮和自我評價，讓我們忽略了他人並不如我們所想那般關注我們的行為。

意識到聚光燈效應的存在，可以幫助我們減少對自己外表和行為的過度焦慮，讓我們能以更加輕鬆的心態面對日常

第 4 章　社交心理學：人際交往的潛規則

生活和人際交往。減少自我關注，將焦點更多地放在他人和情境本身，有助於我們建立更加健康、真誠的人際關係。

幸福指南

受「聚光燈效應」心理影響的人，常常會將自己想像成像公眾人物一樣，覺得自己站在舞台上，周圍的觀眾注視著自己的一舉一動，關心自己穿了什麼衣服、說了什麼話、做了什麼表情。這種心理讓我們在社交場合中，因為說錯了一句話或不小心弄倒了飲料，便覺得自己非常失敗。人們總是覺得自己是社會的焦點，事實上，這只不過是自己的錯覺，注意到我們的小失誤的人遠沒有我們想像中的那麼多。

許多人都會有這樣的感覺，雖然並不那麼強烈，但還是會因為某些細節而感到不好意思，接著變得小心翼翼。有個朋友，每次出門前總要花上很長時間挑選衣服，她覺得街上的人都會注視她，所以必須把自己打扮得漂漂亮亮。其實，這種過度的焦慮是沒有必要的。我們並不是公眾人物，並不是每個人都在關注我們的行為；即使有人看到，過不了多久他們也會將注意力轉移到其他事物上。

如果過度關注自己，就會覺得自己總是處於別人的目光中心，一舉一動都受到關注，這很容易引發社交恐懼。然而，研究顯示，我們內心的折磨，其實並不會引起他人的注

意。別人對我們的關注，其實遠比我們想像中的要少得多。理解並接受聚光燈效應，能幫助我們減少自我壓力，減輕社交恐懼。

當我們覺得別人在注視我們時，往往是我們自己過度關注自己。拋棄「我是公眾人物」的錯覺，明白每個人都在專注於自己的生活，而不是太關心他人，這會讓我們更輕鬆自在地生活。我們每個人都是自己生活的主人，應該把更多的精力投入到自我成長和內在的成熟上，而不是浪費時間去揣測別人的目光。

如果我們能減少對他人看法的過度關注，就能將更多的精力放在內心的成長與進步上。過分關注他人，只會浪費我們寶貴的時間和人生。從今天開始，成為自己最忠實的「粉絲」，這樣才能真正過上屬於自己的生活，並活得更加自信和快樂。

正確理解聚光燈效應，能幫助我們釋放自我焦慮，減少社交恐懼。將更多的精力集中於自己，成為自己最忠實的支持者，我們將能活得更加自在，並享受生活中的每一刻。

第 4 章 社交心理學：人際交往的潛規則

旁觀者效應

生活視角

1964 年 3 月，在紐約市克尤公園發生了一起令人震驚的謀殺案。當時，一位年輕的酒吧女經理在凌晨 3 點回家的途中遭到一名男性的襲擊，作案過程長達 30 分鐘。公園附近的 38 名住戶目睹或聽到了她的求救聲，然而，沒有一個人出手相救，也沒有任何人報警。當事後媒體採訪這些目擊者時，他們的回答都顯得漠不關心：「我以為其他人已經報警了」或「沒想到情況那麼緊急」，這讓人感到無比震驚。

然而，當外界在指責這些目擊者麻木不仁、集體冷漠時，兩位心理學家達利 (J. Darley) 和比布·拉塔奈 (Bibb Latané) 卻從心理學的角度提出了解釋。他們認為，目擊者並非冷漠無情，而是受到了「旁觀者效應」(Bystander Effect) 的影響，這是一種社會心理現象。

為了驗證自己的觀點，達利和拉塔奈進行了一項實驗。他們讓 72 名參與者以一對一和四對一的方式與一名假裝癲癇發作的病人進行對話，並觀察他們的反應。在一對一的情境中，85% 的參與者選擇立即報警求助，而在四人同時聽到病人求救的情況下，只有 31% 的參與者采取了行動。這一結

果顯示,當在場的人數增多時,責任感會被分散,每個人都可能認為別人會介入或已經介入,從而使自己變得猶豫和不作為。

這種現象,心理學家稱之為「旁觀者效應」,即當多個目擊者在場時,個體往往會降低自己的責任感,推遲或放棄採取行動。這是一種社會抑制機制,也解釋了為什麼在許多突發事件中,儘管眾人目睹了事發經過,卻很少有人站出來幫忙。

此外,旁觀者效應的影響並不限於緊急情況。在日常生活中,當需要共同完成一項任務時,群體中的每一個人往往會感覺到責任被分散,從而減少自己主動承擔責任的意願。這就解釋了為什麼有時候人多反而會導致責任不落實的現象。

「旁觀者效應」揭示了人們在面對突發事件時的心理狀態,當群體中有更多人時,個體往往會因為責任感的分散而推遲行動。這並非冷漠,而是人類社會行為中的一種普遍心理機制。理解這一點有助於我們在日常生活中更加警覺並主動承擔責任,也能幫助我們更理性地看待周圍人對待危機的反應。

心理層面

旁觀者效應

旁觀者效應指的是在緊急事件中,由於有他人在場,導致個體對救助行為的抑制作用。當在場的旁觀者人數越多,

第 4 章　社交心理學：人際交往的潛規則

這種抑制作用就越強，救助行為出現的可能性反而會減少。

其主要原因有幾個：首先，由於眾人在場，社會責任被分散，個體覺得自己不必承擔全部責任；其次，當人們不確定該如何行動時，會選擇觀察其他人怎麼做，而其他人也可能持相同的想法，從而形成一種互相等待的局面，最終使得任何人都不採取行動。

幸福指南

人們並非沒有利他心理，而是作為旁觀者時，社會責任被分散，從而影響了我們的行動。因此，對於社會上某些所謂的「冷漠」現象，我們不應該過於悲觀或懷疑人性。

在面對突發事件時，只要有一個人勇於打破僵局，站出來帶頭喊一聲、伸出援手，往往就能避免悲劇的發生，甚至挽救一條生命。許多悲劇的發生，往往是由一些偶然的因素串連而成，打破其中某一環節，可能就能避免災難。因此，當我們身處這樣的情境時，應該像自己唯一在場一樣去行動。這並不是鼓勵去做超出自己能力範圍的事，而是強調只要我們能做到，就應該盡力而為，關鍵是要打破沉默，勇敢出手。

假如你看到有人倒在路邊，法律上或許你沒有義務去幫助他，但如果你停下來並站在他的旁邊，那麼你就會覺得自

己有責任去伸出援手，因為其他原本願意提供幫助的人，也可能因為你的選擇而停止行動。在這種情況下，責任便會落到你的肩上。

如果我們自己遇到困境，並且身邊有旁觀者，不要抱著「總會有人來幫吧」的心態，這樣的等待等於放棄了救援，只會使情況更加糟糕。相反，應該選擇一個目標對象，直截了當地請求幫助。當他人看到你明確的求救，他們的責任感會被集中，並且在壓力下更可能採取行動。因此，清楚地請求某個特定的人伸出援手，是最有效的獲得救援的辦法。

如果我們自己處於危險中，而周圍的人又距離太遠，在呼救時要注意語言的選擇。比如在社區遇到流氓或歹徒時，與其喊「救命啊」，不如喊「失火啦」，這樣能更容易激發周圍人的反應，避免他們產生畏難情緒。最終，目的是讓有人過來幫助我們，這才是關鍵。

每個人都應該明白，當遇到危險或他人需要幫助時，我們不應該等待他人去行動。勇於承擔責任，打破沉默，才能在關鍵時刻挽回生命、避免悲劇。

第 4 章 社交心理學：人際交往的潛規則

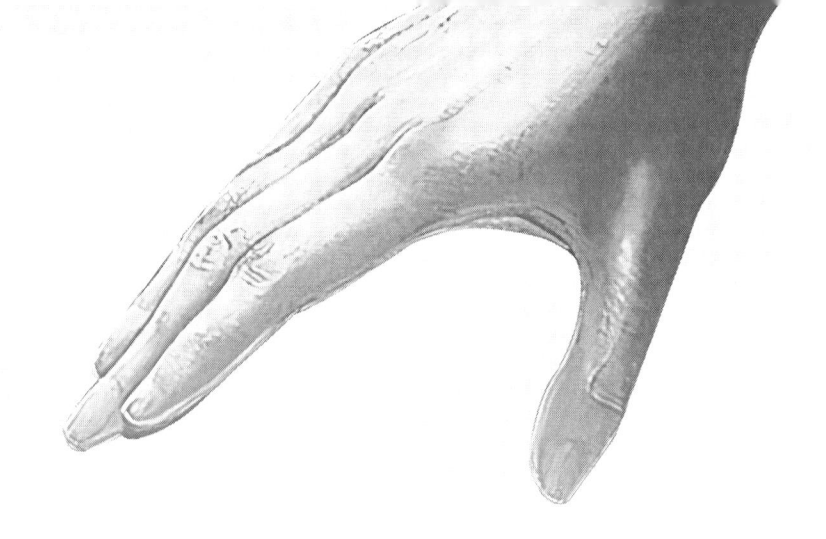

第 5 章

消費心理學：
你的錢就這樣偷偷消失了

第 5 章　消費心理學：你的錢就這樣偷偷消失了

免費試用背後的消費心理

生活視角

在超市中，免費試用活動經常吸引大量消費者參與，網絡上也充斥著生活用品和化妝品等免費試用廣告，提供郵寄方式，讓你免費領取商品。俗話說「天下沒有免費的午餐」，那麼商家為什麼這麼大方，願意提供免費試用呢？

首先，免費試用能夠有效提高消費者對商品的關注度。隨著市場上商品越來越多，競爭也越來越激烈，消費者對商品的選擇越來越依賴自己熟悉的品牌，商家需要吸引消費者的注意力。在試用過程中，消費者會接收到來自促銷員、產品、銷售渠道等多方面的資訊，這樣能讓消費者對品牌產生了解和好感。當你手中拿著免費贈品時，無論是聽聽介紹、看看品牌，還是留下評價，這一過程本身就是與品牌建立連結的過程。

人們更喜歡那些對自己有好感的品牌，就像我們更容易對喜歡我們的人產生好感一樣。免費的試用品就像商家向消費者投放的第一個微笑，這樣的接觸讓消費者自然對品牌產生良好印象，從而成為潛在客戶。

其次，經常參與免費試用後，消費者對品牌會產生更深的熟悉感，進而加深對品牌的好感，最終促使他們做出購買決定。這與電視廣告的頻繁播出相似，無論廣告內容是否創

新,只要出現足夠多次,消費者就會記住這個品牌,當需要購買相關產品時,首先想到的就是這個品牌。

商家提供免費試用的真正目的,是利用「互惠效應」(Reciprocity Effect)來促使消費者回報。人類天生有一種心理,即當接受到他人的好處時,會產生一種虧欠感,進而以某種形式回報對方。安麗公司便是利用這一原理的高手,透過免費試用包將各種產品送到消費者手中,並利用這種「虧欠感」激發購買行為。

另外,「互惠效應」也可以應用於其他銷售策略中。比如,賣花的小女孩會先讓顧客感受到自己的一點好意,然後才開始要求購買更多花束。這樣的策略使顧客在回報時感到有義務,從而產生購買的衝動。

知名影響力專家羅伯特・西奧迪尼(Robert B. Cialdini)指出,人們習慣性地回報別人對自己的好意,這個原理被商家巧妙利用,透過免費試用等手段誘發消費者的購物衝動,即便他們知道「天下沒有免費的午餐」,依然會因為「免費」而心動,最終做出非理性的消費決策。

免費試用看似是商家大方的舉措,但其背後隱藏著心理學的力量。消費者在接受免費商品的同時,往往會感到某種虧欠感,進而促使購買行為的發生。了解並警覺這些心理策略,能幫助我們在消費時更加理性,避免在「免費」的誘惑下做出衝動消費。

第5章 消費心理學：你的錢就這樣偷偷消失了

心理層面

互惠效應

互惠效應是指人們傾向於以相同或類似的方式回報他人對自己的幫助或恩惠。這種行為回報的方式並不是一成不變的，而是具有相當大的彈性，因此，有時候一個小小的恩惠或人情，會引發我們回報更大、甚至多倍的好處。

社會學家認為，人類之所以成為群體合作的物種，是因為我們從祖先那裡學會了在一個基於名譽的公平償還機制中，分享食物和技能。互惠效應在社會中有著強大的力量，它是人性的一部分。

根據互惠效應，即使對方是陌生人或並不受歡迎的人，如果他們先給我們一點小小的恩惠，再提出要求，我們也更可能答應他們。商家利用這個心理學原理，透過「免費試用」等方式達成銷售目標。

幸福指南

互惠效應是一個根深蒂固的社會規則，它像一把「雙面刃」，既能幫助我們達成目標，也可能讓我們成為別人的目標。如果這種互惠是良性的，雙方都能從中受益，那麼這樣的互動無疑是一種雙贏。然而，在許多情況下，我們可能會

發現自己被他人利用,明明不需要對方的恩惠和讓步,卻無法抵抗自己內心的虧欠感,從而成為了犧牲品。

那麼,如何避免這樣的情況發生,減少負疚感的力量呢?

1. 分清恩惠的性質

當你拒絕了一個人的恩惠,你就不再有回報他人的義務。因此,關鍵在於分清這份恩惠是否真誠。如果這是一份真誠的、無私的好意,那麼拒絕它可能會讓你顯得不近人情,並可能切斷與他人建立良好關係的機會。反之,如果你發現對方的恩惠背後有預謀,則可以選擇拒絕,這樣的恩惠並不需要回報。

2. 讓互惠規則為自己所用

如果某人提出的初步建議是我們希望得到的,那麼不妨接受它並意識到將來有責任回報。然而,如果這份初始的好處隱含著某種心機或預謀,提醒自己對方並不是在施恩,而是在謀取利益。在這種情況下,我們應該將對方的小恩惠視為自己反向利用的機會,這樣可以避免成為對方計謀中的一環。

3. 詭計不必回報

拒絕所有的恩惠或讓步是不現實的,因為我們無法知道每個人是否都真心為我們好。當我們意識到某人開始利用互

惠原則來達成自己的目的時，並且這份看似友好的恩惠其實是一種詭計，那麼我們完全可以選擇不回報對方。互惠原則確實強調應以恩惠回報，但並未強制要求對詭計的回報。

例如，商家提供的「免費試用」往往是利用互惠效應來促使消費者購買產品。作為理智的消費者，我們需要警惕這些看似溫情脈脈的行銷手段，避免因為不理性的消費行為而浪費金錢。

理解互惠效應的運作方式能幫助我們在日常生活中做出更明智的選擇。避免因為感覺虧欠而做出不必要的回報，尤其是在面對不真誠的利益時，要學會保護自己，理性消費並減少不必要的浪費。

拒絕從眾心理的消費陷阱

生活視角

每當你逛街購物,看到某家店擠滿了人,心裡是否會忍不住想擠進去看看?有時候,當你發現其他人都在搶購某個商品時,也會覺得不跟著買一個似乎就錯過了什麼好機會。這些情形,其實與人類的「從眾心理」息息相關。

記得有一次去商場買東西,看到很多人擠在促銷區,我便跟著過去,結果購買了幾個並不需要的商品。仔細算一算,花費的時間和運輸費用,竟然比商品本身的價差還要高。即便心裡有些後悔,但當看到其他人都在購買時,這股無形的壓力總是讓我難以抗拒。

在這些情況中,從眾心理不僅僅是讓你覺得「大家都這樣做我也應該這麼做」,它還能影響你在購物過程中的決策。當商家提供某些「免費」的產品或「優惠」,我們往往會感到有一種「欠債」的心理。這就是所謂的互惠效應,當我們接受了一個小小的恩惠,心理上會覺得自己應該回報,因此我們可能會做出購買行為,即便我們對這些商品並不需要。

商家利用這些心理效應,讓我們在不經意間做出消費決策。就像當我們看到很多人排隊等著領取禮品時,可能根本

不知道禮品的內容，也許只是因為大家都在排隊，自己也下意識地加入其中。

這種消費模式其實對很多人來說並不陌生，但如何避免這種從眾心態引導的消費呢？在購物之前，理性地思考自己的需求，設立清晰的購物目標，避免盲目跟隨他人行為。真正的消費是基於自身需求，而不是被社會的潮流或外部壓力所左右。

當你開始意識到自己對購物的需求時，你就能夠跳出從眾心理的陷阱，成為更加理智的消費者。

心理層面

從眾心理

從眾心理指的是個人會受到群體行為的影響，並且在自己的知覺、判斷和行為上表現出符合公眾輿論或多數人行為方式的現象。一般來說，多數人的意見往往被視為正確，因此，遵從大多數的決定通常被認為是安全和合理的。然而，若缺乏批判性思維，盲目跟隨大眾的行為而不加以分析、思考，這樣的行為就會變成「盲目從眾心理」，對個人的判斷與選擇往往會產生不利影響。

從眾行為的普遍性通常會受到幾個因素的影響。根據心

理學研究，女性的從眾傾向較男性更為明顯；性格較內向或自卑的人比那些外向或自信的人更容易受到群體的影響；教育程度較低的人群，或社會閱歷較淺的人，通常也比高教育背景和豐富經歷的人更容易跟隨群體行為；年齡較小的人，由於經驗不足，對群體的依賴也相對較高。

這些因素揭示了從眾心理如何與個人的性格、經歷和社會環境相互作用。儘管從眾有時會導致個人的行為更符合社會的主流價值觀，但過度依賴群體的意見可能會使個體的獨立思考能力降低，並在某些情況下錯失做出理性選擇的機會。

幸福指南

許多研究消費者心理學的商家都十分擅長利用從眾心理來促進銷售。商家經常使用「數量有限，售完為止」等廣告語來吸引消費者，其實庫存可能還有大量商品。某些商家則會宣稱「租約到期，跳樓大拍賣」，但實際上這些促銷活動可能已經持續了好幾個月，這些策略利用了消費者的急迫心理，激發搶購行為，從而達到銷售的目的。

此外，街頭的一些推銷者也經常運用類似的策略來吸引注意力。他們會先用小魔術、說學逗唱等吸引圍觀人群，當人群聚集起來後，他們會拿出所謂的「祖傳祕方」，聲稱這些

藥物能治療各種疾病。隨後,他們會引導一些「暗樁」先行購買,這樣便能夠激發在場人群的購買欲望,並利用「先到先得,限量發售」等手法來進一步激化搶購情緒,最終迅速賣出大量商品。

電視購物節目也擅長利用從眾心理來營造搶購氛圍。主持人往往會用誇張的表情和故意製造的緊急氣氛,暗示如果不立刻購買,就會錯過難得的機會。這種極具感染力的手法,容易讓觀眾不自覺地產生盲目消費的衝動。

面對這樣的情況,我們需要保持理智。首先,要問自己:我真的需要這個東西嗎?家裡是否已有替代品?我是否只是在跟隨大多數人的行為而做出決定?認真思考這些問題,幫助我們成為更理性的消費者,避免陷入不必要的購物陷阱。

小心「進來看看」的心理策略

生活視角

　　許多「十元商店」和「百元商店」已經成為常見的消費場所。經常聽到店內響起這樣的廣告語：「全場 × 元，買不了吃虧，走過路過，進來看看，不買不要緊……」，這樣的叫賣對許多人，尤其是家庭主婦來說，非常具有吸引力。這些店內售賣的多為生活日用品，對精打細算的消費者來說，看似可以挖到便宜貨，然而，當一走進店裡，原本沒有的需求也開始被激發出來：透明茶壺價格便宜，購買一個；或許這個呼啦圈能幫助減肥，再來一個；這個絨毛玩具看起來不錯，寶寶一定會喜歡……結果，原本不打算買的東西，最終成了結帳單上的一大堆商品，總金額竟然不知不覺地達到上千元。

　　這種情況就像有一次我去朋友小偉家，無意中發現她有一整套的彩妝產品。讓我覺得很奇怪，因為她一直不化妝，怎麼會擁有這麼多化妝品呢？小偉告訴我，她本來並不打算買這些東西，但最後卻還是「不得已買的」。

　　原來有一次小偉和朋友在街上閒逛，偶然遇到一家美妝店開業。幾位店員熱情地邀請她們進店，並遞上宣傳單。

第 5 章　消費心理學：你的錢就這樣偷偷消失了

儘管小偉本來打算拒絕，但店員堅持說：「沒關係，進來看看也好，算是幫我們的業績，店裡是根據介紹來的顧客發薪水的，幫個忙吧！」小偉心地善良，便決定進去看看。進店後，看到了一款唇膏，她想著冬天嘴唇常乾裂，便決定買一支。還沒來得及結帳，店員又熱情地推薦她免費修眉，並在修眉時展示眉粉的效果，讓小偉覺得自己變得更美了。接著，店員幫她做了潔顏、上底妝、刷眼影和腮紅，最後還說了一句：「三十多歲的女人最該愛護自己，這樣老公才能更愛妳呀！」這番話讓小偉心裡一動，於是，她決定買下了整套化妝品。

這是典型的「登門檻效應」（Foot In The Door Effect），也叫得寸進尺法。店員先讓小偉進店，達成了最初的目標後，再引導她購買。隨著小偉逐漸接受了免費的服務，對產品的認同感也增加了，進而促成了後來的購買決定。

這一點與美國心理學家的經典實驗相似。實驗中，他們讓助手在兩個社區中勸說居民在房屋前豎立寫有「請小心駕駛」的標語。在第一個社區，這一請求直接遭到大部分居民的拒絕，只有 17% 的人同意。但在第二個社區，實驗者首先要求居民在一份支持安全駕駛的請願書上簽字，這是個相對容易完成的請求，幾乎所有被要求的人都答應了。幾週後，當再次提出豎立標語的要求時，居然有 55% 的人同意。這一結果顯示，「登門檻效應」的強大力量，當人們接受了小小的

要求後，隨後對更大的要求也更容易同意。

因此，在面對各種促銷手段時，我們需要保持警覺，理性消費。商家往往利用從小需求開始，逐步增加要求的策略，讓我們在不知不覺中做出購買決定。

心理層面

登門檻效應

「登門檻效應」是一種社會心理學現象，指當一個人接受了他人的微不足道的要求後，為了避免認知上的不協調或保持前後一致的形象，他很可能會接受隨後提出的更大要求。

當你向別人提出一個看似不重要的小要求時，對方通常不容易拒絕，因為這樣會讓他顯得不近人情。這是因為人們對這種微不足道的請求，心理上能夠輕易承受。當他們接受這個小要求後，便跨過了一道心理上的門檻，進一步的請求就變得相對容易接受。換句話說，這個人已經處於一個心態上較為開放的狀態，對後來的更高要求會感到更自然，並且有較高的接受度。相較之下，直接提出較大要求的人，往往不如使用這種逐步引導方法的人那麼容易獲得接受。

這種現象的心理機制在於，人們通常希望表現得一致性高，當他們答應了初步的要求後，他們不希望留給他人不一致的印象，因此更容易接受後來的要求。這種逐步引導策略

第 5 章　消費心理學：你的錢就這樣偷偷消失了

常見於行銷、談判和人際交往中，有時候即使是完全不需要的商品，也會因為這樣的心理效應而被購買。

幸福指南

在日常生活中，我們經常能夠見到商家巧妙運用登門檻效應來推銷商品的例子。即便現在大家對上門推銷的銷售手段已經多有戒心，但仍然有一些推銷員能夠成功地進入一些家庭。這些推銷員經常打著免費贈品的旗號，讓你開門迎接他們。你可能以為他們真的是要送你天上掉下來的禮物，但當門一開，他們便開始向你介紹各種商品的功效。當你準備將贈品帶進屋內時，他們卻會大手一攔，開始說：「這個商品其實是需要一點成本的，這些剛畢業的年輕人也很辛苦……」，這樣一來，許多心軟的消費者，尤其是年長者，可能會因為心生同情而購買。

我的朋友老金就曾經上過這樣的當。一天，她聽見有人敲門，以為是鄰居便開了門。結果，一名陌生人展示了幾個看似不錯的免費贈品——一把超大的剪刀和一個可以放入湯裡的鋼製調味球等。當老金正高興地看著這些禮物時，這位推銷員還拿出一個小盒子，裡面是一個小型吸塵器。他說：「這個原價一萬，現在只賣五千，您家裡應該沒有吧，這最後一個了。」

老金在看到這些價值高的贈品後,覺得自己得到了很好的價值,因此決定買下這個吸塵器。可是,當她回家使用時,才發現這個吸塵器有一個致命的缺陷:它吸進灰塵時,旁邊的小孔反而把灰塵吹了出來!最讓老金後悔的是,當她上網查詢後發現,這款吸塵器其實在網上只賣七百五十元。這不僅讓她損失了錢,還讓她從這次購物中學到了寶貴的經驗。

不僅如此,登門檻效應其實也在很多其他領域中被巧妙利用。在戀愛關係中,若一個男孩對一個女孩有好感,他通常不會一開始就直奔主題,而是會先邀請她一起吃飯、看電影,甚至試探女孩對肢體接觸的反應。這樣逐步地建立起親密感,直到兩人的關係變得更為緊密。

同樣地,當你希望達到某個目的時,最好先請對方幫個小忙,再給予誇獎並說:「你真是個熱心的朋友。」這樣,當你再請求對方幫忙做更大的事時,他通常會因為想維持「熱心」的形象,而不會輕易拒絕。

第 5 章　消費心理學：你的錢就這樣偷偷消失了

售屋時被忽略的二十五萬

生活視角

當我手頭拮据時，我經常會懊悔當初白白付出去的二十五萬。但為什麼當時我會覺得這二十五萬元不算什麼呢？

2008 年初，我決定賣掉手裡的房子，當時若房子滿兩年就能免稅出售。我在 2005 年 5 月購入的這套房子，因此我宣傳這房子是可以免稅的。

一個週末，一對夫妻來看房，對這個房子的裝修風格非常喜歡，瞬間就有了購買的想法。當他們聽到我說我中午十二點將與另一位客戶進行最後的談判時，他們有點著急，想直接決定下來。

陪同他們來的房屋仲介公司人員建議我拿出房契來看，結果發現房子無法免稅，因為所謂的兩年起始時間並不是從我購房合同的日期開始算，而是從房契發下來的時間計算，這樣一來，我的房子距離兩年還有五個月。

因此，買方需要額外支付六十萬的稅費，這時買方妻子提議說：「這是我們額外的費用，我們不會讓你們全額負擔。我們負擔三十五萬，你們承擔二十五萬。」

我當時其實並不清楚房子不能免稅，自己有點理虧，另

一方面覺得幾百萬的房價中,二十五萬似乎微不足道。於是我就決定接受了這個提議。

然而,回想起來,我認為即便我堅持不負擔這二十五萬,房子也很可能成交。當時沒有在意這二十五萬,主要是覺得它在幾百萬的總價面前,並不顯得重要。

然而,當我回到正常的居家生活後,我發現那二十五萬可不是小數目!我知道大家可能會笑我,但這樣的情況其實很常見,許多人都有類似的行為,只是沒那麼警覺。

例如,當街頭的十塊錢報紙漲到一百元,你會覺得無法接受並堅決抵制。但如果是一坪三十萬的房子,當每坪價格上漲五百元,甚至五千元時,你可能覺得沒什麼大不了,對價格的變動感覺不那麼敏感。

再舉一個例子:如果你在商店看到一件一千元的衣服,然後朋友告訴你另一家店有同款衣服只賣五百元,你會馬上去另一家店購買,避免花多餘的錢。但如果你走進一家高級商場,打算購買一件兩萬元的商品,朋友告訴你另一家商場有同款商品賣一萬九千九百五十元,比這家便宜五十元,你還會去另一家商場購買嗎?恐怕不會吧?

為什麼這樣的五十元差距會引起不同的反應呢?這是因為人們前後受到的刺激不同,這就是心理學上所稱的「貝勃定律」(Beibo Law)。

第 5 章　消費心理學：你的錢就這樣偷偷消失了

心理層面

貝勃定律

貝勃定律是一種心理學現象，它說明了人們對刺激的感知是相對的。舉個例子來說明這種效應：假設一個人右手舉著 300 克重的砝碼，當他的左手上放置 305 克的砝碼時，他並不會感覺到太大的差異，直到左手上的砝碼增至 306 克時，才會覺得有些重。如果右手上舉的是 600 克砝碼，那麼左手上需要放置 612 克的砝碼，才能讓他感覺到有區別。

這表明，為了能夠感覺到刺激間的差異，所增加的刺激量必須達到一定的比例，且這個比例會隨著原來刺激的強度增大而增大。也就是說，原來的刺激越強，之後所需的變化量也必須越大，才能讓人察覺到差異。

這個現象在我們的日常生活中很常見。例如，當我們習慣了高價商品，對價格的敏感度會隨之降低，一些較小的價格變動就不容易被察覺到。這就是貝勃定律的實際應用，因為刺激的總量越大，對小幅度的改變反應就越遲鈍。

幸福指南

在日常生活中，我們常看到聰明的商家巧妙運用貝勃定律來影響消費者的行為。許多商家會逐漸小幅度地調整商品

價格,並在消費者逐步習慣這些變化後,再進行大幅的提價。由於價格的逐步上漲,消費者往往未能察覺,直到價格與其他地方的差距變得顯著時,人們才會感到異常,因此商家對消費者接受度的把控至關重要。

如果希望理性消費,在時間允許的情況下,還是應該貨比三家,畢竟,同樣的商品在不同商店之間往往會有較大的價差。

特別是在購買大額商品時,消費者需要格外謹慎避免受到貝勃定律的影響。當我們習慣了較高的價格後,對於較小的價格變動往往不會敏感,這也可能讓我們忽略原本能夠避免的支出。越是涉及大筆支出,我們就應該更多比較、仔細衡量,哪怕是微小的價格差異,長期來看也能積少成多。

在其他生活領域中,貝勃定律的存在也同樣不可忽視。那些善於利用這種心理現象的人,往往能夠在不知不覺中操控我們的決策,而我們的反應則可能比我們意識到的還要遲鈍。

以 2009 年金融危機為例,這場危機波及了大量企業,導致許多公司不得不裁員減薪。面對這樣的情況,阿楠這位企業老闆巧妙利用了貝勃定律,成功維持了員工的士氣並讓公司度過了難關。她的策略是先向經理們表示公司因為財務狀況不佳可能需要裁員,這樣的消息一旦傳開,員工的心理準備就已經做好。接著,阿楠宣布公司可以不裁員,並且發放

了部分的獎金,員工們對此反應非常熱烈,這正是貝勃定律的典型應用。

此外,貝勃定律也能解釋日常生活中的一些情感反應。例如,一個女孩在外面受挫,因為遇到陌生人的一點點好意而感動不已。這與她對母親的日常關懷相比,感覺上有著天壤之別。她對母親的愛已經習以為常,而對陌生人微小的關懷卻能產生強烈的情感反應。

這一現象說明了人們的情感經常會受到相對刺激的影響,對於親人朋友的支持,我們的感覺逐漸遲鈍,期望值也提高;而對於陌生人微不足道的幫助,則能激起強烈的感恩之情。因此,我們應該學會珍惜自己擁有的每一點幸福,也應該以謙卑的心態對待身邊的每一個人。

九十九元為何更受歡迎？

生活視角

當你走進超市或商場，常會發現商品的價格很少是整數，特別是促銷商品的價格，通常會有零頭。若價格為整數，不僅容易記住並且方便比價，收銀台也不需要找錢，這樣不就更便捷嗎？那為何商家要這樣定價呢？

事實上，這些帶零頭的商品往往比整數價格的商品賣得更快！其原因在於，許多消費者會認為，整數價格看起來只是估算出來的，而帶有零頭的價格卻給人一種精確的印象，彷彿商家能賺取一些微薄的利潤，卻仍願意出售，顯示出某種誠意。

其實，這是商家所巧妙利用的心理錯覺。他們在設定價格時，已經深入了解消費者的心理，並巧妙地運用尾數定價法。若一個商品原本的價格是 100 元，商家可能會將其標價 99 元，這樣消費者通常會因為價格未達 100 元而產生購買的衝動，認為這是一個便宜的交易。大多數消費者會覺得，整數價格顯得不那麼精確，而尾數價格則讓人感覺更具信任感，且似乎比整數價格更便宜，這樣能減少心理抗拒。

為何尾數定價如此受商家青睞呢？這是因為尾數定價能

第 5 章　消費心理學：你的錢就這樣偷偷消失了

引發特定的心理效應：

首先，消費者對商家的定價會產生好感，認為商家精確且謹慎地設定價格，顯得合理且有根據。其次，消費者會產生「占便宜」的心理錯覺，像是 198 元的衣服，相較於 200 元的衣服，雖然價差只有 2 元，但消費者會感覺金額上降了一個等級。

此外，尾數中的 8、6、9 等數字，在傳統文化中帶有吉祥的象徵，如「8」有「發財」的意思，這些數字常讓消費者聯想到好運。當價格為 88 元時，消費者會覺得這樣的數字能帶來幸運。

心理學家的研究顯示，價格尾數的微小變化對消費者的購買行為有顯著影響。在一些小商店中，價格後加上零頭，消費者容易接受砍價，並因此感到自己獲得了某種「優惠」，然而商家正是利用這一點來操控消費者的心理。

心理層面

尾數定價策略

尾數定價，也被稱為「零頭定價」或「奇數定價」，是一種利用消費者心理將價格設定為帶有尾數的數字的策略。這種定價方法的核心在於，消費者會將整數和略低於整數的價

格差異視為較大差距,因此,商家故意將商品的價格設為帶尾數的數字,以此吸引消費者的注意。

尾數定價法不僅能夠讓消費者產生商品價格較低的錯覺,還能讓消費者覺得商品好像是原價打了折扣。此外,當消費者在等待找零時,他們也可能會注意到周圍的其他商品,進而做出更多購買決定。

這種尾數定價策略是一種能夠顯著改變消費者對商品感知的行銷方式,並且在商業中得到廣泛應用,效果顯著。

幸福指南

尾數定價,只是給追求實惠的消費者一個海市蜃樓而已。

了解了商家的這個策略後,身為消費者的你,頭腦一定會變得更加理性。下次購物時,不要讓尾數誤導你的判斷。記住,價格的尾數可能並不代表實際的優惠,而只是商家的一個心理誘導手段。

如果你是賣家,這種行銷策略無疑是非常有效的。只是,如果價格的尾數選擇了不那麼吉利的數字,如「1」或「4」,而非「6」、「8」、「9」,消費者會覺得價格更加真實,少一些虛假的感覺。所以,了解這些數字背後的心理學,無論是買還是賣,都能讓你運籌帷幄,掌握遊戲規則。

第 5 章　消費心理學：你的錢就這樣偷偷消失了

為什麼彩券讓人難以抗拒？

生活視角

現在彩券又重新流行，報紙、網路上經常能看到關於中大獎的消息，這些成功故事讓人們幻想自己也能在一夜之間改變命運，甚至讓「一夜致富」成為彩券迷共同的夢想。於是，大家又為彩券瘋狂起來，產生一種「這次能中！」的錯覺，這種錯覺讓人難以抗拒彩券和賭博的誘惑，結果鈔票從口袋裡飛出，而真正中獎的人卻少之又少。

雖然賭博有贏有輸，但許多彩民不願意接受失敗，仍然持續下注，心態失衡，最終往往會遭遇慘痛的後果。媒體報導了幾個彩民的故事，其中金先生經營著一家食品店，賺了一些錢，看到朋友老呂買彩券中獎，他便放下生意，開始全心投入彩券中。他先是小額投注，卻什麼獎也沒中。接著，他選擇包牌，結果中了一個三獎和幾個小獎，這讓他誤以為中獎很容易。於是，他將家裡的資金全部投入，卻不僅沒擴大獲利，反而把先前中的獎金也全都花光了。最終，他還向親友借錢繼續下注，結果再次落空，最後走向絕路。

另一位王先生則迷信「8」這個數字，認為它能帶來好運，於是每次買彩券，他都選擇尾號為八的號碼。雖然他一

年中了兩次小獎,但這遠遠無法彌補他的投入,於是他又繼續加碼。結果,第二年他的投入還是無法回本,但他仍未放棄,繼續在第三年投入。

這些故事背後揭示了賭徒的心理,這讓我們不得不提到心理學的一個經典實驗:伯爾赫斯・弗雷德里克・史金納(B. F. Skinner)的操作性條件反射實驗。在這個實驗中,史金納將老鼠關在箱子裡,讓它每按三十次按鈕,便會獲得食物。然而,當他將食物的發放調整為隨機,老鼠無法預測何時能獲得食物,卻仍然持續按下按鈕,這樣的行為持續時間長且不容易消失。

這種行為與賭徒的心理非常相似,因為賭徒無法預測什麼時候會贏得大獎,所以他們會持續下注,直到達到某個期望的結果,即使一直處於失敗狀態。這種賭徒心理與史金納實驗中的老鼠反應如出一轍,顯示出隨機獎勵如何強化人類的賭博行為。

因此,彩券和賭博的魅力正是來自這種心理機制,讓人們無法輕易放棄。

心理層面

賭徒心理

賭徒心理指的是在賭博中,輸了之後想要將失去的贏回

來，而贏了之後又會希望繼續贏，從而使自己的占有欲望得到進一步的滿足。

賭徒通常有一套自己的理論，這種心理被稱為「賭徒謬論」，其主要特點是他們始終相信自己的預期會實現。當結果不如預期時，他們會變得越來越執著，甚至加倍下注，並提高風險，希望能一次性贖回損失並賺取更多的利潤。

賭徒心理並不僅僅存在於賭徒身上，事實上，每個人或多或少都會有類似的心理。

幸福指南

彩券的發展和推廣對公益事業的確有助益，這是值得肯定的一面，也是發行彩券的初衷。然而，事物總有兩面，我們不能忽視其負向的一面，尤其是彩券所固有的賭博性質，它以博彩的形式迎合了一些人的投機心理和渴望不勞而獲的暴富心態。

對於普通民眾來說，買彩券應該保持正確的心態。彩券購買應該是輕鬆地買一份希望，如果將「不中頭獎誓不罷休」或「不到黃河心不死」的態度放在其中，並不惜投入大量資金，最終讓自己身心疲憊，這樣的做法就得不償失了。建議大家利用閒錢，少量地購買，當作是一份希望和運氣的投資，每期的投入不應過多。

中獎當然是好事，但若未中獎，也可以當作是一種公益貢獻。將購彩券當作一種娛樂，這樣的心態最為健康，切忌過度依賴這種希望。

第 5 章 消費心理學：你的錢就這樣偷偷消失了

人們是如何被「品牌」困住的

生活視角

「名牌」這兩個字，常讓我想到徐兄，他是那種追求名牌的狂熱分子。某次他買了一副名牌太陽眼鏡，鏡片上大大貼著標籤。他為了讓大家知道自己買了這副眼鏡，竟然保護標籤比鏡片還好。每次看到他戴著這副眼鏡，都不禁讓人發笑。徐兄說過：「花了我上萬塊，低調多可惜呀！」

社會中確實有不少像徐兄這樣的「高調」名牌迷，但也有些人最終卻成為名牌的奴隸。

青青，二十五歲，月薪三萬元，生活簡單。她住家近工作地點，吃住不用花錢，卻因為過度追求名牌而陷入財務困境。第一次領薪水時，她買了一只夢寐以求的名牌手錶，這讓她心情大好，總是盡情展現這隻手錶，渴望別人稱讚。那一刻，似乎她覺得自己擁有了全世界。

然而，這只名牌手錶讓她的名牌追求變得無法控制，越來越多的名牌商品進了她的生活。信用卡的分期付款不斷增加，最終，她不得不依賴借款度過困境。最初，父母會伸出援手，但當情況屢次發生時，父母終於不再支持她。即使如此，青青對名牌的渴望還是無法停止，最終，她成為了一個

人們是如何被「品牌」困住的

信用不良者。

不少人購買名牌,是想讓自己感覺不一樣、轉變心情,但當這種購物行為成為習慣時,卻會引發很大的經濟負擔,最終像青青一樣陷入困境。與其說他們喜歡名牌的品質,倒不如說他們更迷戀購買名牌瞬間帶來的滿足感。這種情況會導致購買不需要的名牌商品,並且家裡堆滿了還未開封的商品。為了不讓家人發現,甚至會花心思將這些商品藏起來。

儘管某些名牌確實代表了信譽和品質,但價格真的決定了品質嗎?事實上,商家以價格創造名牌,而不是以品質。來看看這個例子:

在一個旅遊景點的玉器店,老闆讓新員工將兩個相同的玉鐲定價不同,一個標價五千元,另一個標價八千元。員工感到奇怪,這些玉鐲的進價其實才五百元,卻定這麼高的價。員工問老闆:「標價這麼高可以嗎?為什麼不標一樣的價格?」老闆笑著回答:「你等著看。」

不久後,一群遊客來到店裡,其中一位年輕女孩選擇了那隻標價八千元的玉鐲。她的男朋友驚訝地表示兩隻玉鐲看起來並沒有什麼不同,但女孩自信地說:「這個質地不一樣!」

看來,這位女孩根本沒有質疑價格,反而選擇了較貴的玉鐲。

第 5 章　消費心理學：你的錢就這樣偷偷消失了

如果仔細觀察，常見的情況是，普通商店裡賣一百元的衣服，到了高端商場後，價格可能飆升至八百元，卻還是有人選擇去高端商場購買，對「低價店」嗤之以鼻。

為什麼價格越高，反而吸引更多的消費者呢？這正是所謂的「凡勃倫效應」（Veblen Effect）。

心理層面

凡勃倫效應

凡勃倫效應指的是當一種商品的標價較高時，消費者對該商品的需求反而增加，而不是減少。這個現象最早由美國社會學家托斯丹・凡勃倫（Thorstein B Veblen）在其著作《有閒階級論》（*The Theory of the Leisure Class*）中進行探討。他在書中將商品分為兩類：非炫耀性商品和炫耀性商品。

非炫耀性商品僅僅具備基本的物質效用，滿足人們的基本需求，而炫耀性商品則不僅滿足物質需求，還能帶來虛榮心，讓消費者透過擁有這些商品感受到受人尊敬和羨慕的滿足感。這使得消費者會毫不猶豫地去購買那些昂貴且能引起他人尊敬和羨慕的商品。

由此，凡勃倫效應造成了炫耀性消費的興起 —— 價格越高，反而更能激發消費者的購買欲望；而價格較低的商品，

則往往因為缺乏炫耀性而難以銷售。這也解釋了為什麼一些高價商品雖然並非必需品，卻能夠吸引大量消費者的熱烈追捧。

幸福指南

我曾聽過一個人說過：「你想想，去超市買沒牌子的衣服的人，是什麼身份的人？」這句話背後的意思很明顯，就是只有在那些金碧輝煌的場所購物，才算是「上流社會」的一員。

這種觀點反映了很多追求名牌的人心中的共同心理，即用名牌商品來標示自己所屬的社會階層，表達「我不是沒錢的人」或「我是品味獨特的人」。每個人都有歸屬感的需求，這種標示並不無可厚非，但很多商家恰恰抓住了消費者的這種心態，將其轉化為賺錢的手段。

對於一些所謂的「上流社會」的人來說，名牌商品是他們炫耀社會地位和成功的工具，來滿足內心的虛榮心。然而，當這些商品的價格變得相對平易近人，這些人所依賴的「上流社會」的界限便變得模糊。這也是為什麼許多人無法接受使用較低價品牌的原因。配上這些商品，自己的身份認同感是否依然存在？正如電影中所說的：「不求最好，只求最貴！」

第 5 章　消費心理學：你的錢就這樣偷偷消失了

　　對於廣大的大眾來說，追求名牌往往是希望展現自己的社會地位。社會上有些人，甚至會根據一個人穿什麼品牌的衣服、開什麼品牌的車、住在哪裡來判斷這個人的價值。這使得許多人在現代社會中更加注重外表。為了避免在激烈競爭中感到落後或產生自卑感，很多人選擇用名牌來掩飾內心的脆弱，透過華麗的外表來掩飾內心的空虛。

　　對於商家而言，透過媒體宣傳將商品賦予高級的形象，讓消費者覺得這些商品具有名貴和超凡脫俗的特質，從而引起消費者的好感，促進感性消費的產生。然而，要注意的是，產品的品質未必是關鍵，與消費者的口味和需求相契合才是最重要的。感性因素在消費行為中的影響比理性因素大，商家需要懂得迎合顧客的品味和格調。否則，即便是高品質的商品，沒有引發情感共鳴，也可能事倍功半。更重要的是，商家需要引導消費者從單純的數量和品質的購買階段，過渡到感性購買階段，這樣才能讓凡勃倫效應發揮最大的效用。

　　對於普通消費者而言，若單純追求名牌，可能最終變成冤大頭。因此，更應該關注商品的真正品質。畢竟，假名牌的事件時有發生。在這個過程中，與其強調擁有多少名牌，不如根據自己的風格，選擇那些更具個性、效果更佳的商品。這樣，做最真實的自己，才是最有魅力的。

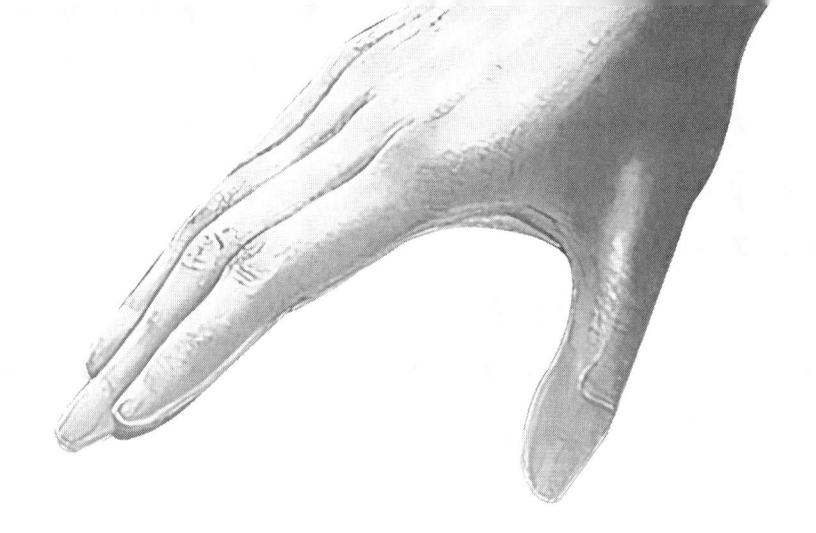

第6章

戀愛心理學：愛情的定律

第 6 章　戀愛心理學：愛情的定律

➊ 為什麼初戀總是最深刻？

生活視角

　　每個人提到初戀時，心中或多或少都會湧現出一股純真、甜蜜又帶有些許酸楚的情感。很多人認為，只有第一次的戀愛才是真心無私的，後來的戀愛多半會帶著自我需求。這樣的說法雖然有些絕對，但無法否認的是，初戀所帶來的美好感受，的確深刻且難以忘懷。

　　通常，初戀大多以失敗收場，很少能堅持到談論婚嫁的階段。大多數的初戀發生在學生時代，這時的我們缺乏足夠的人生經驗，心智也未完全成熟。獨立性、與人溝通的能力、自我控制力、判斷力以及自我反省的能力仍在成長中，因此情感世界也往往顯得複雜且不穩定。另一方面，由於年齡較小、經濟上未獨立且未來不明確，加上家庭影響深遠，往往無法完全維護這段愛情。初戀失敗所帶來的痛苦，似乎是每個人無法逃避的命運。

　　歌手劉若英的歌曲〈後來〉感動了無數人，其中某些歌詞深入人心：「後來，我總算學會了如何去愛，可惜你早已遠去消失在人海，後來，終於在眼淚中明白，有些人一旦錯過就不再。」這首歌正是初戀的寫照。年少的倔強、成年後的追

悔，讓這首歌帶上了一層傷感的情感色彩。儘管由於無知與幼稚，初戀未能有完美的結局，但它始終是我們人生中最美好的回憶之一。

有些時候，初戀帶來的傷害是深刻的，會影響到後來的戀愛與婚姻，讓人無法完全放下。

晶晶和心剛是同鄉，從高中開始就有了深厚的感情。他們因為來自同一個地方而更容易親近，不過這段戀情並不被家長和老師看好，因為他們擔心這會影響到學業。對此，晶晶和心剛的叛逆心理讓他們更加堅定彼此的感情。後來，晶晶考上了大學，而心剛卻未能如願。第二年，心剛繼續重考，但依然落榜，親人責備他過於投入感情，影響了學業。

當晶晶進入大學後，她漸漸地疏遠了心剛，最終提出了分手，這對心剛來說無疑是一場重擊。失戀讓他幾乎無法承受，最終選擇放棄學業，回到家鄉。多年後，心剛依然無法走出初戀的陰影，他匆忙地找了一個對象結婚，卻仍然無法從這段痛苦中解脫出來。

為什麼初戀讓人難以忘懷？這其中有幾個深刻的心理原因。

首先，當人們處於青春期，對愛情的渴望異常強烈。這個時期的戀愛，往往難以被接受，尤其是家長和老師往往會強烈反對，這樣的阻止反而會激發戀人間的抗拒心理，讓彼

此的情感更加深厚。

其次，在這個年齡段，男孩女孩會幻想出一個「夢中情人」的理想形象，這個形象可能是生活中的某個人，或者是幾個人的綜合體。當某人出現並符合這樣的理想型時，戀愛的激情瞬間被點燃，這個人便成為了他們心中無可替代的「唯一」。

此外，初戀時常伴隨著光環效應，戀人彼此間會過度關注對方的優點與長處，而忽視對方的缺點。即使這段戀情結束，對方的形象仍然在記憶中佔有一席之地，成為無法取代的存在。實際上，我們愛上的不一定是現實中的那個人，而是我們所理想化的偶像。

初戀讓我們深刻難忘的原因，根本上在於它是一段「未完成的情節」。未完成、被迫放棄或未達成目標的事情，總是讓人難以忘懷，這一現象被稱為「蔡加尼克效應」（Zeigarnik Effect）。我們對未能圓滿的事情往往懷有深深的遺憾，而這些情感上的未解之結，會伴隨我們一生。

這就是初戀能夠深刻影響我們的原因，它不僅是情感上的一次經歷，也是人生中無法忘記的篇章。

心理層面

蔡加尼克效應

西方心理學家布盧瑪・蔡加尼克（Bluma Zeigarnik）進行了一系列有趣的實驗，發現人們對於已經完成且有結果的事情容易遺忘，而對那些未完成、未達成目標或被中斷的事情，卻往往記憶猶新。這種現象被稱為「蔡加尼克效應」。

這一效應可以解釋一些常見的心理現象，例如「喜新厭舊」和「得不到的總是最好的」，這些情況都表現出了人們對於未實現目標的強烈記憶和渴望。初戀往往在未能成功走到婚姻的時候結束，這種愛情的中斷使得初戀的記憶比那些順利發展的關係來得更加刻骨銘心，因為那段愛情沒有完成，總是留有遺憾和未解的情結，這也使得它成為一生中難以忘懷的部分。

幸福指南

戀愛時，我們會向對方傾注大量的心理能量，初戀中這種投入更為強烈。當戀情結束，這股能量突然失去了宣洩的對象，往往使人感到迷失與不知所措。尤其是當這股能量以極端的方式回到昔日的對象身上時，可能會導致暴力、毀容或甚至更嚴重的後果。而如果這些情感無法發洩，轉而集中

在自我身上,可能會表現為抽菸、酗酒、甚至自殘等行為,嚴重時可能讓人對異性產生免疫感,進一步導致心理問題或扭曲。

對於正在經歷初戀失敗的年輕人,我們應該提供理解與支持,鼓勵他們用正向的態度來處理這份傷痛。如果情感創傷過重,尋求心理醫生的幫助也不失為一個好的選擇。初戀中的人們所付出的情感是真摯的,而他們所承受的傷害,也往往是最深的。

即便是成年人,當再次戀愛時,也難免會將新戀情與初戀情人進行比較,這是一種自然的心理反應。而且當婚姻中遇到困難或不愉快時,初戀情人也常會在心中重現,尤其是已經結婚多年的成年人,心中常隱藏著對初戀的渴望與夢想。

有一位年逾六十的男人,離開家鄉四十多年後,衣錦還鄉。他心中一直懷念年輕時的初戀情人,儘管朋友們反對,他仍然堅持與她見上一面。他設法聯繫上了她,並約定在當初分手的橋頭見面。由於渴望見到對方,他提前一小時便來到橋頭。當他看到對方滿頭銀髮的老太太走來時,驚慌失措,最終選擇逃避,沒有再見面。

這個故事引發了我們的思考:我們所懷念的究竟是初戀中的那個人,還是那段帶有新奇感的愛情?事實上,我們真

正懷念的,往往是那份初戀時的心情與感覺,而不是具體的人物。即使重逢,那個曾經愛過的人早已不復當年的樣子,記憶中的美好也因此消失,曾經的遺憾也不再那麼動人。

歌手陳奕迅在〈十年〉裡唱道:「情人最後難免淪為朋友」,這樣的結局或許對於大多數成年人來說是最理想的。隨著年紀增長,男人有了啤酒肚,女人長出了皺紋,若雙方都單身且彼此還有愛意,那麼再見或許是最好的結局。對於大多數人而言,最好的心態是:「只願來世再見,不願今生重逢」,讓那段往事成為記憶中的一部分,像一瓶老酒,靜靜地品味,獨自享受。

第6章　戀愛心理學：愛情的定律

▶ 適當的肌膚接觸促進戀愛情感

生活視角

在戀愛關係中，適當的肌膚接觸能有效增進彼此的感情。然而，這裡的「適當」至關重要，過於激烈的行為可能會使對方感到不適，甚至可能被視為侵犯，從而導致戀情破裂。

人類天生就有尋求身體親密的需求。心理學家曾經在研究兒童發展時指出，接受擁抱與親吻的嬰兒，比那些長時間缺乏身體接觸的嬰兒在情緒發展上更健康。隨著年齡增長，父母的愛撫逐漸減少，尤其在青春期後，青少年會將這份親密需求轉移到異性身上，渴望與自己喜歡的異性進行肌膚接觸。

甚至在陌生人之間，輕微的肌膚接觸也能促進彼此的好感。

我曾經有過一次經歷，大學時期的期末考試中，為防止作弊，許多學生都被打散坐在不同的地方。當時我與一位男生同桌，雖然對方我並不熟悉，僅僅知道他的名字。考試前，我感到手腳冰冷，隨口說了一句：「怎麼覺得手這麼冷呀？」他聽後立即伸出手，輕輕握住了我的手，說：「還真的

挺冷的。」雖然那一刻我有些不自在,但那短短的握手卻讓我感到一股溫暖,這種感覺至今依然歷歷在目。

這並非是我的主觀感受,心理學家也做過多項實驗來證明這一點。普渡大學的研究小組曾經進行過一個關於肌膚接觸的實驗。研究人員要求圖書館的工作人員在一段時間內,不僅執行常規工作,還小心翼翼地與借書的人進行輕微的接觸,比如在交接書本時,故意讓雙方的手稍微碰觸一下。結果顯示,與有肌膚接觸的圖書館工作人員打過交道的學生,對圖書館的滿意度評價顯著高於那些未有接觸的學生。

此外,還有一項有趣的實驗,將公用電話亭作為場景。心理學家將錢故意丟在電話亭裡,當有人進來後拿走這些錢時,研究人員會突然上前,輕輕抓住對方的手臂詢問情況。結果顯示,與不進行任何肢體接觸的情況相比,當研究人員抓住對方手臂時,能夠成功取回失物的機率提高了28%。

為什麼身體接觸會產生這樣的效果呢?這與人的本能需求有關。從嬰兒時期起,人們便會因為與柔軟、溫暖的物體接觸而感到愉快,這樣的觸感能提供安全感和滿足感。戀愛中的人們透過這些觸碰,能夠迅速建立起情感聯繫。肌膚接觸不僅能帶來愉悅,還能引發情感依附。心理學家曾做過一項著名的幼猴實驗,將出生不久的幼猴與母猴分開,並提供兩個替代物:一個由金屬製成,另一個由柔軟的毛巾布包裹。結果發現,幼猴總是選擇那個柔軟的玩具母猴,即使那個金

屬母猴提供了食物。這顯示，溫暖的觸感對人類的情感依附至關重要，這也是為何小孩在母親的懷抱中能夠健康成長的原因。

心理層面

依戀理論

「依戀」是指一個人對與某人建立親密關係的需求，當這個人在場時，會讓自己感覺到安全。這種心理需求通常透過觸碰來表達，身體接觸往往能帶來深刻的情感體驗。

對於戀愛初期的情侶來說，輕微且不易察覺的身體接觸有助於增加對方對你的好感。這些觸碰不僅能夠促進彼此之間的依附感，還能增進情感的連結。在戀愛關係中，這樣的肢體互動能讓彼此更快建立信任與安全感，並加深對對方的依賴。

幸福指南

研究表明，即使是陌生人之間，適當的身體接觸也能增強彼此的好感，對於已經有好感的異性來說，這樣的接觸能夠促進關係的發展並帶來實質的突破。

例如，在追求過程中，如果女孩對男孩沒有明顯的反

感,男孩可以嘗試一些不經意的身體接觸,例如:
(01)　　在追趕公車時,輕輕抓住女孩的手一起跑;
(02)　　在過斑馬線時,輕輕搭在女孩的腰上;
(03)　　在擁擠的公車上,共用一個扶手;
(04)　　在人多時,輕輕抓住女孩的手,避免走散。

這些行為都可以不經意地拉近彼此的距離,當然,這些動作應該建立在對女孩的了解基礎上。有些女孩對身體接觸感到不適,這時需要特別注意,根據對方的反應來決定是否繼續。

如果關係已經穩定,還可以考慮以下方式來增加親密感:

在戶外,若看到女孩臉上有髒東西,可以輕聲說:「妳臉上有點東西,我幫妳拿掉。」這種舉動即使沒有髒東西,也能自然地拉近距離;

在逛超市時,當你們購買食物,可以藉口說手不乾淨,要求對方餵食,這樣可以藉機觸碰對方;

如果一起搭乘計程車,可以趁車輛顛簸時,輕輕靠近對方的身體。記得保持冷靜和自然,這樣的接觸不僅不會讓對方感到不適,反而會加深默契。

這些身體接觸必須是自然且不過於刻意的,不經意的接觸能夠讓彼此的關係進一步升溫。當然,身體接觸的前提是了解對方的感受,並確保對方對這樣的接觸並不反感。

第 6 章　戀愛心理學：愛情的定律

　　值得注意的是，不是所有女孩都會表現得被動，有些女孩會主動表現親近，甚至會挽著男孩的手臂走。這種情況下，男孩不應過於樂觀，應理解這些行為更多來自於心理上的親近感，而不是立即意味著進一步的關係發展。這時候要謹記，保持適度的界限，並且明白每個人對身體接觸的理解不同。

　　總結來說，適度的身體接觸能夠有效拉近兩人之間的距離，但前提是對對方的情感和反應要有充分的了解。這些方法同樣適用於女生追求男生的情況，切記靈活運用，保持自然與尊重。

情感低潮時是親近的最佳時機

生活視角

戀愛中的人可能都會發現,當對方的狀態良好時,可能對你的關注並不多,但當對方處於情緒低潮或不安時,他們更容易接受關懷,並且會因為感激而開始對你產生好感,這樣戀情也就順理成章地發展了。

這並不是說要在對方脆弱時趁機利用,而是說,當你真心關懷對方,並不知道如何打動對方時,可以試著關注他／她何時情緒最不安,這正是你展現關心和支持的最佳時機。此時,勇敢走近對方,並給予他／她適當的支持和關懷,可能會讓你們的關係迅速升溫。

例如,靜在和幾位朋友分享自己當初戀愛的經歷時提到,她愛上了她的初戀情人,就是在那一刻。那時她正因為某件事感到非常委屈,正在哭泣。她的初戀情人走過來,輕輕地為她擦去眼淚,雖然他們之前並沒有太多的交往,靜也知道他對她有好感,但她自己並沒有太多的感覺。然而,在那一刻,她感受到了一股溫柔的關懷,她瞬間就愛上了他。

這種情感的觸發,其實也可以透過心理學實驗來解釋。美國社會學家曾經做過一個實驗,證明了人們越是在不安的

情況下,越會渴望與他人親近。實驗中,受試者被分成兩組,兩組都被告知他們將接受電擊,但對第一組說電擊的強度不會太大,而對第二組則告訴他們,電擊會非常強烈,讓他們預先感受到恐懼。

在等待實驗開始時,受試者被告知可以選擇獨自等待或是與他人一起等待。結果顯示,第一組大多選擇獨自等待,而第二組則有60%以上的人選擇與他人一同等待。這表明,當人感到不安或恐懼時,他們會更願意尋求他人的陪伴。

這個實驗結果正好解釋了靜為何會在初戀情人輕輕擦去她眼淚的瞬間感受到深深的愛意。當一個人處於情感低谷或不安的時候,來自他人真誠的關懷會讓對方感到安心,並可能因此產生情感上的依賴和吸引。

總結來說,當對方情緒不安時,這是一個加深關係、展現關心的關鍵時刻。了解並利用這一點,可以讓你們之間的關係更進一步發展。

心理層面

影響親和的因素

親和力的形成受到情境和情緒的雙重影響。

在面對外界壓力時,人們通常會產生更強烈的親和需求。壓力越大,個體的親和動機也會隨之增強。此外,悲傷

或痛苦的情境也會激發人們的親和需求。

從心理學的角度來看，親和力與情緒狀態密切相關。恐懼情緒通常源自現實中的威脅，當恐懼情緒越強時，親和傾向也越明顯。而焦慮則通常來自非現實的威脅，處於焦慮狀態的人往往表現出較低的親和需求，因為在焦慮的情況下，與他人交往反而可能加重其焦慮感。

幸福指南

了解影響親和的因素後，我們可以更加清楚地知道，什麼時候應該接近一個人，什麼時候應該給對方空間，讓他們獨自處理情緒。

當你身邊有朋友處於恐懼或極大壓力的情況時，最好多多陪伴他們。即使只是默默地坐在他們身邊，也能帶來極大的安慰和支持。這樣的陪伴對於處於困境中的人而言，能有效緩解他們的焦慮和不安。

如果將感情視為一種投資，讓我們在他人最需要的時候提供「雪中送炭」，而非「錦上添花」。當然，這一切的前提是，你能夠了解對方的狀態，並根據情況做出合適的反應。

在愛情中，無條件地關心對方是基礎。在對方處於困境或難過時，陪伴是最好的支持。如果這時候缺乏關懷，一次小小的失落可能會對你們的關係造成不小的影響。

第 6 章　戀愛心理學：愛情的定律

恐怖電影如何促進親密關係

生活視角

　　電影和電視劇中經常上演的英雄救美場景，總是在女主角驚慌失措時，男主角英勇登場，將她緊緊抱住。隨著鏡頭的慢動作特寫，他們四目相對，愛情的火花也隨之迸發，最終兩人十有八九會成為情侶。

　　這樣的情節雖然在現實生活中並不如電影那般戲劇化，但卻常常上演，而且結果往往相似。至少，這些「美女」對於來拯救自己的「英雄」會產生強烈的好感。

　　為什麼在危機中總能出現愛情故事呢？心理學家亞瑟‧阿隆森（Arthur Aron）和唐納德‧丁納（Donald Dutton）進行的實驗揭示了其中的秘密。

　　他們的實驗選擇了兩座不同類型的橋。一座是狹窄且高達 70 公尺的搖晃吊橋，另一座則是穩固且低矮的柳杉橋。實驗中，兩位美麗的女性助理在橋上向過路的男性請求填寫問卷。她們告訴男性，完成問卷後如果有興趣了解更多資料，可以打電話聯繫她們，並提供自己的電話號碼。

　　結果顯示，當實驗助理站在搖晃的吊橋上時，16 名男士中有一半打了電話。而當實驗助理站在穩固的橋上時，只有

2 名男性打了電話。值得注意的是,當實驗助理是男性時,沒有任何人打電話。

為什麼會出現這樣的結果呢?心理學家伊萊恩・哈特菲爾德(Elaine Hatfield)解釋說,這是因為在危險橋上,男性因為心跳加速、緊張情緒而誤以為這些生理反應是由眼前的美女引起的,從而產生了錯誤的歸因。

根據心理學家史丹利・斯坎特(Stanley Schachter)的「情緒二因論」(Two-Factor Theory of Emotion),情緒是由生理喚起和認知標籤相乘而產生的。不同的情緒反應可能有相似的生理表現,例如恐懼時心跳加速、手顫抖,愛情來臨時,身體的反應也類似。在這樣的情境下,人們容易將自己的生理反應歸因於眼前的情感刺激。

這個理論也能解釋為什麼在一些危險的情境中,情感容易迅速升溫。像在加拿大溫哥華北部的卡皮拉諾吊橋,儘管這座橋建在距離湍急河面 230 英尺的高空,卻因為多次上演浪漫愛情故事,被稱為「愛情橋」,而不是人們想像中的「死亡橋」。

心理層面

激情愛的理論

不同情緒的生理反應可能相當相似,舉例來說,無論是恐懼、焦慮還是快樂,人的心跳都會加速,手也會顫抖。然

第 6 章　戀愛心理學：愛情的定律

而，由於我們對這些生理反應的解釋方式不同，最終所經歷的情感體驗也會有所不同。個體如何解釋情境，以及如何理解自己的生理反應，通常與外界的線索和「誘因」有關。

英雄救美的情節常常能夠演繹成浪漫的愛情故事，這是因為當人處於危急狀態時，生理反應通常會處於高度覺醒的狀態。在這樣的情境下，如果英雄突然出現並提供幫助，這個行為就很容易被當事人誤解為她焦慮和緊張的原因。當危險過後，這份由緊張轉化的情感就會自然升華為溫情和吸引，讓人不自覺地對英雄產生強烈的好感。

這種情感反應的轉變恰恰說明了情緒的強烈生理反應和外部情境之間的微妙關聯，進而激發出激情愛的強烈情感。

幸福指南

在日常生活或電影中，我們經常看到兩個本來只是普通朋友的異性，在共同經歷了一次冒險或危險後，迅速發展成情侶。這背後其實有著心理學的根據。

如果你希望更快地拉近與對方的距離、增進親密感，不妨嘗試帶女孩去看恐怖電影。恐怖電影無疑是誘導親密關係的最佳方法。在那陰森恐怖的氛圍中，人的身體會自然緊張，心跳加速，這樣的生理反應和在愛情中遇到心儀異性時的生理狀態非常相似。因此，女孩的情感和反應可能會因為

這些生理改變而混淆。在她受到驚嚇時,你可以安慰性地握住她的手,或是抱一抱她,展現你男子漢的勇敢,這樣的行為能有效增加對她的吸引力。

身體接觸和錯誤歸因的結合(這種錯誤歸因的發生機率很高)無疑有助於愛情的突破性進展。這樣的策略能夠讓你在她的心中留下深刻的印象。

如果你能舉一反三,你應該也會想到參與一些體育活動來促進彼此的親密關係。劇烈的運動會讓心跳加快、氣喘吁吁,而這樣的身體狀態也能不知不覺地培養出對對方的好感。

第 6 章　戀愛心理學：愛情的定律

◯ 情場高手為何總能洞察你心？

生活視角

　　在戀愛的世界裡，有些人似乎總能精準地捕捉到對方的心理需求，甚至會對你說出一番讓你感覺如獲知音的話語。這些話通常包含了對你的深刻理解，像是：「我知道你需要被愛，但有時又感到不安，你渴望變化，但又對變化感到害怕……」，這類語言往往讓人感到被理解，甚至可能讓你對說話的人產生好感。

　　然而，這樣的言辭是否真的是出於真誠的關心？還是只是某些情感操控者的伎倆？如果你發現自己經常對這種語言產生強烈的情感反應，那麼你可能正處於一種被操控的風險中。事實上，這些話語與很多占卜師、星座分析師常用的話語非常相似。它們並不具體，也不具有特定針對性，而是模糊且籠統，能夠適應大多數人的情況。無論你是聰明善良，還是有些消極不安，這些描述都能讓你覺得它說中了你的心思。

　　這樣的情況其實揭示了巴納姆效應（Barnum Effect），也就是當某些語言或描述過於籠統而無明確指向性時，人們很容易將其解釋為對自己準確的反映。心理學家曾進行過一

項實驗,讓一組人填寫人格測試後,將他們的結果和一份普通人的平均結果混合在一起。結果大部分參與者認為那份平均的結果更準確地表達了他們的個性,儘管其內容實際上很模糊。

這就解釋了為何許多人會對那些聽起來既空泛又普遍的情感話語感到深深的吸引。在戀愛或人際交往中,我們往往容易把這些籠統的描述誤認為對我們個人情感的真切理解。這種效應被廣泛應用於各種情感操控和策略中,尤其是在試圖引發依賴或情感投入的情境下。

如果你能理解這一點,當遇到這樣的言辭時,你會更加理性地分析其背後的動機,而不是僅僅因為某些感覺而投入過多的情感。記住,真正的理解是具體的、深刻的,而不是依靠一些模糊不清的表達來讓你感到被接納。

心理層面

巴納姆效應

巴納姆效應,又稱福勒效應或星相效應,是指當人們使用一些模糊、普遍且可適用於大多數人的描述語言時,往往會將這些語句誤認為對自己而言的準確描述。這使得人們容易接受這些不具體的評論,並覺得它們非常貼合自己。

這個效應的名字來自於著名的雜技師巴納姆,他曾經提

到自己之所以成功,是因為他的表演包含了每個人都期待的元素,這讓「每一分鐘都有觀眾上當」。因此,巴納姆效應被廣泛應用於星相學等領域,其中的語言模式和描述方式讓人們誤以為他們聽到的運勢或性格分析是完全符合自己的。

幸福指南

在日常生活中,我們不自覺地運用著巴納姆效應,每個人都會受到他人影響,也會潛移默化地影響著他人。當用模糊不清、普遍的語言表述時,會讓人聯想到自己熟悉的情境,從而不自覺地同意你的觀點。

愛情高手常常善用巴納姆效應,讓對方覺得他很了解自己,產生如獲知音的感覺。特別是對於那些缺乏自信的人,這種語言表述更容易讓他們對號入座,改變自己原有的想法和計畫。

我們之所以如此在乎他人的評價,往往是因為自己對內心的了解還不夠深刻。只有當我們牢牢掌握自己的人生方向時,才不會被他人的影響所左右。

真正愛你的人,是看透你的獨特性並愛上你的人。他們愛的是你與眾不同的本性,而不是你刻意為之的表現。

為了避免愛情騙子利用巴納姆效應來迷惑自己,我們必須對自己保持清醒的認知。要學會正視自己,不僅要接納自

己的優點,也要接納自己的缺點。培養審慎的判斷力,這是一種在充分了解資訊基礎上進行決策的能力。透過他人的反饋來更客觀地認識自己,並透過比較與他人的差異來理解自己的特點。當我們深入了解自己並學會愛自己時,才能展現出獨特的自己,而那個愛你獨特性的人,才是真正愛你的人。

當然,巴納姆效應也可以靈活應用於許多生活領域。透過隱藏的暗示,利用巴納姆效應,你能讓他人接受你的觀點,並採取你期望的行動。

第 6 章　戀愛心理學：愛情的定律

如何走出失戀的傷痛？

生活視角

失戀是人生中最痛苦的經歷之一，這種痛苦讓人無法自拔。郭沫若在《女神‧湘累》中形容這種痛苦的情境為「他來誘我上天，登到半途，又把梯子給我抽了」，原本滿懷希望的愛情，忽然間卻讓人跌入深淵，內心的孤單與被拋棄感，令人無法承受。

從心理學角度來看，戀愛的過程讓一個人的心理不自覺地回到了嬰兒時期，愛人的角色仿佛是母親，彼此依賴，完全開放自己。在這樣的關係中，我們情感上最脆弱，因此愛情成為了最容易傷害我們的領域。

然而，愛情往往會讓我們變得盲目，當我們擁有時，卻未必珍惜，直到失去後，才會真正明白它的珍貴。這份痛苦，是那麼深刻，讓人無法回頭，無法避免。

立德是颯颯的鄰居，從小一起長大，為人忠厚穩重，總是默默地付出關懷，從不張揚。颯颯享受這份愛多年，視其為理所當然。然而，當立德身邊出現一個女孩，颯颯才驚覺自己心中的空白。這一刻，內心如同被一根針刺痛，痛徹心扉，讓她開始質疑自己對愛情的理解。

颯颯不自覺地問自己，為何當她愛立德時，立德的心卻已經不再是她的？這種傷痛無法言喻，心中的糾結與迷惘讓她無法前進。雖然她終於明白自己失去了愛，但也發現自己再也無法回到過去。

這場失戀，對颯颯而言，並不那麼明顯，但卻是痛得徹底且深遠。失去愛的人常常陷入深深的自卑與迷茫，對未來感到無望，甚至會走向封閉與自我摧毀。這樣的情感雪崩，不僅是對失去的愛情的悼念，還是對自己心靈的一次重創。

失去愛的人往往會痛不欲生，陷入自卑與迷惘中，心灰意冷，走向怯懦封閉，嚴重的甚至走向輕生。

心理層面

失戀

失戀是一種痛苦的情感經歷，通常發生在戀愛中的一方在經歷情感波動後，決定中斷或否認與另一方的戀愛關係。這種情況會使得被遺棄的一方因失去愛情而感到強烈的心理挫折。失戀常發生於那些曾經投入大量情感、承諾或物質的關係中，無論是在愛情的深度或長度上，都曾經享有過某種形式的「愛」。

當這樣的愛情在意外或不情願的情況下戛然而止，失戀者通常會經歷一種難以形容的內心空虛與傷痛，情感的打擊

第6章 戀愛心理學：愛情的定律

往往讓他們感到無比的失落，甚至難以忍受的心痛，這種痛楚不僅是對愛情的失落，更像是對自我價值的質疑。失戀不僅是失去了一段關係，還是一段心理與情感的深度挫敗。

這種情況可能帶來強烈的焦慮、孤獨、甚至自我厭惡。失戀者常常在這樣的情境下反思自己的不足，重新審視自己在愛情中的投入與付出，也會對未來的情感關係充滿不確定性。失戀不僅是對某一段關係的結束，也是一個人情感成長中的重要過程，儘管充滿痛苦，但也為自我發現和成長提供了契機。

幸福指南

失戀是人生中的一次重大的情感打擊，許多人在經歷失戀後都會感受到內心的撕裂與無助。然而，面對失戀時，我們需要從自身出發，學會放下過去，從內心中尋找療癒的力量。雖然失戀帶來的痛苦無法瞬間消散，但有一些方法能幫助失戀者更快走出情緒的困境。

以下是一些可以幫助緩解失戀痛苦的有效方法：

1. 發洩療法

失戀後，不應壓抑情感。哭泣是情感的自然表達，對很多人來說，痛哭一場能有效減輕心中的痛苦。即使無法在眾人面前表達，選擇一個私密的地方，或者向朋友傾訴，都能幫助情緒釋放。

2. 衝擊療法

面對失戀，很多人會試圖避開與戀人有關的物品或回憶，但這樣只會加深痛苦。選擇有意識地接觸這些物品或情境，讓情感逐漸平復，當情緒達到極限後，會開始感到麻木，進而減少痛苦。

3. 外歸因療法

失戀者常感覺被拋棄和低人一等，但此時應該反思對方的行為和過去的關係，並轉變視角，把注意力集中在對方的不足和錯誤上，這樣可以幫助自己重新看待對方，從而達到釋放情感的效果。

4. 比較療法

失戀者往往陷入自憐與自卑之中，覺得自己是最不幸的人。此時，不妨看看其他人的困境，了解比自己更悲慘的情況，這樣能幫助自己獲得一定的安慰，並減少內心的無力感。

5. 厭惡療法

結合衝擊療法，將情感繼續消耗，將與對方的物品或回憶收起，並創建負面的情緒連結。例如，將痛苦的記憶與一些強烈的感官刺激連繫起來，這能幫助斷開情感上的連結，並釋放痛苦。

6. 情境遠離療法

將自己從原本的環境中抽離,遠離那些讓你回憶過往的地點和物品,轉移注意力到新的地方。這樣做不僅能讓自己從傷心的情境中解脫,也能讓心情得到暫時的舒緩。

7. 自我催眠療法

透過自我激勵來改變情緒,給自己一些正面的暗示。每天對著鏡子中的自己微笑,稱讚自己堅強,並提醒自己失戀只是人生中的一部分,不是世界的結束。

儘管每個人走出失戀的時間不盡相同,但如果能夠運用以上的方法,便能逐漸釋放情緒,讓自己重新找回生活的動力。最終,時間會治癒一切,並讓我們從過去的傷痛中汲取力量,迎接未來的幸福。

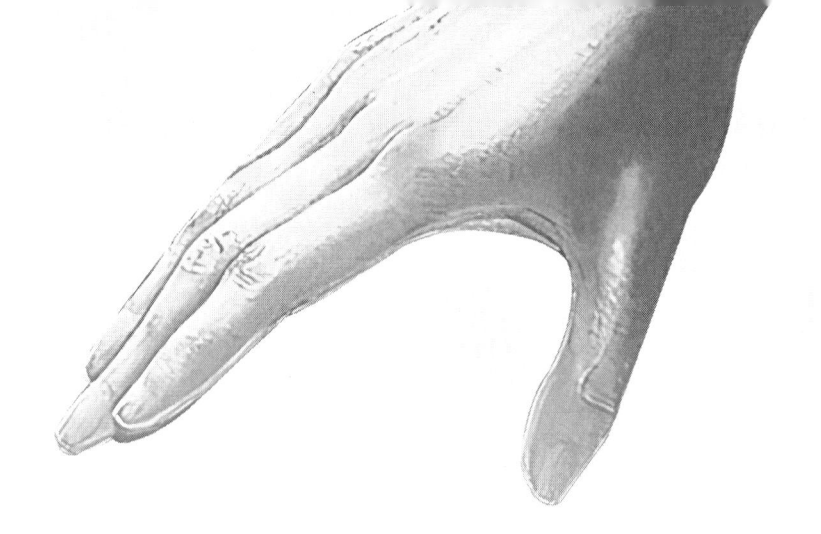

第 7 章

婚姻心理學:婚姻那點事

第 7 章　婚姻心理學：婚姻那點事

婚前恐懼症

生活視角

現代社會中，越來越多的年輕人對結婚抱有強烈的恐懼感，這種現象在不少人中變得司空見慣。小蘭談了五年多的戀愛卻一直不敢結婚，她的回答很直白：「怎麼敢結婚呢？沒錢買房子，沒能力養孩子，現在多自由啊！」她的心態讓人深思。根據統計，結婚的年齡不斷推遲，尤其是大都市中的年輕人，婚姻的門檻似乎越來越高。

除了像小蘭這樣因為條件不足不敢結婚的例子外，也有很多人面對結婚的時候徹底陷入恐懼。準備結婚的小寶便是如此。即將步入婚姻的他，無論在婚禮準備還是與未婚妻的相處中，顯得非常焦慮。他甚至在婚前的一天晚上消失，只發了條短信給未婚妻說：「親愛的，對不起，我害怕走進圍城。」最終，他和未婚妻分手了。

對於一些人來說，婚姻的吸引力在於能讓自己安定下來，提供穩定和安全感。婚姻後，兩個人將共同承擔生活中的風險和挑戰。然而，對於其他人，婚姻的誘惑卻轉化為恐懼。他們認為婚姻後的生活將會剝奪自己原本的自由，婚後的每一天都充滿責任和義務，無法隨心所欲。

造成婚前恐懼症的原因是多方面的。首先，社會壓力無疑是其中的主因之一。隨著現代生活節奏的加快，許多人感受到極大的生存壓力，並且渴望擁有更多自由。然而，一旦結婚，這些自由可能會受到限制，這種感覺使一些人不敢輕易踏入婚姻的殿堂。

此外，離婚率的提高和周圍已婚人士對婚姻生活的負面評價，往往讓未婚者對婚姻產生疑慮。婚前同居的現象也在一定程度上削弱了對婚姻的期待，讓人對婚後的責任心生顧慮。更為現實的是，許多年輕人因為無法負擔購房等物質條件，也對婚姻心生畏懼。

此外，婚禮的繁瑣準備和家庭重組帶來的情感摩擦，讓婚前的心理負擔愈加沉重。現代婚姻的重負和責任也讓許多人望而卻步，尤其是那些依賴性強、生活能力相對較差的年輕人。他們對婚姻的恐懼更多源於對未知的恐懼，以及對婚姻中潛在問題的擔憂。

總的來說，婚前恐懼症是一個現代社會中的普遍現象，無論是物質條件、情感依賴，還是對婚姻本身的焦慮，這些因素都促成了人們對婚姻的恐懼。然而，正如所有問題一樣，只有了解自己，並且勇敢面對，才能克服恐懼，迎接婚姻中的挑戰。

第 7 章　婚姻心理學：婚姻那點事

心理層面

婚前恐懼症

　　婚前與婚後所面臨的角色轉換及生活方式的巨大差異，使得一些人即將步入婚姻時，對未來的生活感到迷茫，並產生無法言喻的焦慮與恐懼。

幸福指南

　　對於那些希望步入婚姻卻又感到焦慮的人，最好的辦法是留出足夠的時間進行心理調整。這樣可以幫助自己適應婚姻所帶來的各種變化與挑戰，並為即將開始的新生活做好準備。

　　通常，對婚姻有疑慮的人會擔心「婚姻是愛情的墳墓」，這是一個常見的觀點。的確，結婚後會面對許多瑣事與煩憂，但正如主持婚禮的牧師所說：「兩個人的生活比一個人的生活更深刻。」在婚姻中，我們學到的是責任與奉獻，這不僅讓人感到壓力，卻也能提升我們的人生品質。因此，對另一半的期待要適度。雖然結婚初期我們往往會覺得對方是「情人眼裡出西施」，但隨著婚姻生活的展開，會發現對方有許多缺點，這時我們看到的對方才是最真實的模樣。

一些人也會擔心婚後無法融入對方的家庭。婚姻不僅是兩個人的結合，也是兩個家庭的融合。因此，學會和對方的父母、兄弟姐妹和諧相處是非常重要的。為了避免婚後因許多人進入自己的生活圈而感到緊張，從而影響夫妻感情，可以在婚前或婚後的一段時間內，主動創造機會，了解並熟悉那些應該認識的人。

對於媒體上對婚姻的負面宣傳，我們不必過度在意。生活是屬於自己的，別人的生活並不等同於我們的生活。多看看幸福的婚姻例子，相信愛情、相信婚姻，並學習一些增進感情的小技巧。只要用心經營婚姻，幸福將會回報我們。

此外，也可以參加婚姻輔導課程、閱讀相關書籍、參加婚姻講座，學習具體的生活技巧，並多和另一半溝通，尤其是在婚後生活的安排與設想上。當我們不再陷入無助的憂慮，而是主動尋找解決方案並改變自己的情緒狀態時，婚姻生活將會變得更加順利。

第7章　婚姻心理學：婚姻那點事

尊重他人與自我的心理界限

生活視角

在戀愛初期，兩個人總是沉浸在甜蜜的二人世界中，彼此無比依賴，把對方看作完美無缺。這種強烈的情感進入婚姻後，如果仍保持著「彼此無所不包容」的狀態，逐漸會出現心理上的疲憊。當你覺得每時每刻都需要對方陪伴，而對方也期望你了解他／她的每一個想法，這時候，婚姻中的雙方會感受到來自情感上的壓力。

我們追求與另一半建立親密無間的關係，期望兩人之間能無縫融合，心心相印，然而，沒有清晰的心理界限的愛，往往會變得讓人窒息，增加焦慮與緊張，甚至造成情感的壓抑，從而讓彼此失去自我，感受不到真正的快樂。

李韜和安安本是一對甜蜜的情侶，然而，最近他們傳出離婚的消息。當李韜被問及原因時，他說：「我無法忍受，所有的興趣愛好都被剝奪了，娛樂的唯一選擇就是在家裡玩電腦遊戲。」原來，安安小時候父親就拋棄了她和母親，與另一個女人生活。她一直擔心自己會重蹈母親的覆轍，因此對李韜十分緊張。起初，李韜覺得這是安安愛他的表現，但隨著婚姻時間的延續，安安對李韜的過度關注讓他感到窒息。

尊重他人與自我的心理界限

安安限制李韜與異性的交往，連他曾經喜愛的戶外運動也不能進行，幾乎所有的活動都需要被她監控，這樣的關係讓李韜產生了異常的心理壓力。李韜只能透過玩遊戲來發洩壓抑的情緒，最終，他還是在這樣的高壓環境下出軌了。

每個人都需要一定的心理空間，安安忽視了李韜的心理界限，不斷侵入他內心的領域，最終導致了他情感的崩潰。

不僅是夫妻之間，夫妻與雙方原生家庭之間的心理界限也是一個重要問題。與原生家庭的父母、兄弟姐妹相處時，由於親情和血緣的關係，彼此之間通常能較為容忍對方的瑕疵，容易接受與諒解。然而，這也並非毫無風險。過度依賴和溺愛親人，往往會失去應有的尊重，導致家庭中的溝通與交流變得不和諧。

當親人過度介入婚姻生活時，夫妻的一方可能會感到自己的領域被侵占，這種情況很容易引發家庭衝突，特別是在原生家庭和配偶之間的矛盾加劇時。美薇的故事便是一個例證。

美薇與丈夫的關係原本一直很好，直到她生孩子後，丈夫的家人過來幫忙照看孩子，問題開始浮現。婆婆公公過來後，雖然有一定的家庭支持，但婆媳關係本來就難處理，且小姑和丈夫也搬來一起住，家庭矛盾逐漸升級。小姑習慣了以自我為中心，不做家務，整天躺在沙發上看電視，漠視其他人的需求。美薇則出於大局考慮，忍讓了許多不合理的行為。

第 7 章　婚姻心理學：婚姻那點事

然而，對於小姑的偏愛越來越明顯，小姑的要求總是優先被滿足，這讓美薇感到自己在丈夫家裡越來越像外人。隨著時間推移，丈夫與家人之間的關係越來越親密，與美薇的溝通卻越來越少，這讓美薇感到孤立無援。

最終，美薇選擇了以報復的方式尋求慰藉。當她和一位男同事外出時，情感的失衡讓她選擇了外遇來發洩壓力。丈夫發現後，責怪她出軌，但美薇冷冷地說：「是你們侵犯了我的領域，我才去外面尋找自己的地方。」

這段婚姻的結束，源於丈夫家人對美薇心理界限的無視，讓美薇感到失去了屬於自己的空間，才導致了情感的崩潰。丈夫的家庭過度依賴他，讓他無法平衡對妻子的責任與對家人的義務，最終傷害了夫妻之間的感情。

尊重他人和自己的心理界限，是健康婚姻的基石。在婚姻中，彼此應保持適度的空間，尊重對方的獨立性，才能維持長久的和諧與幸福。

心理層面

心理界限

心理界限是每個人所需要的心理空間和時間，它包含了生理距離與心理距離、主權距離與情感距離、自我意識與自我責任等方面。

每個人心中都有自己的心理界限,這些界限決定了我們在人際交往中的思考模式與行為方式,並指引我們如何與外界進行溝通與互動。心理界限會因文化背景、個人特質而有所不同,因此每個人的心理界限都是獨特的。

與身體界限不同,心理界限是無形的,存在於我們的內心深處,是我們的意識所掌控的。對某些人而言,心理界限可能模糊不清,而對另一些人來說,心理界限則可能非常清晰。不同的人擁有不同範圍的心理界限,有的人心理界限範圍較大,而有的人則可能較小。而這些界限會隨著個人內心觀念的變化和外部環境的影響而不斷調整與變化。

幸福指南

夫妻之間應該給彼此足夠的獨立空間,這樣既能維持依戀的感情,又能保持新鮮感。維持一種適當的心理界限,既不過於親密也不過於疏遠,這樣夫妻生活才會更加輕鬆和自由。

自愛是確保自己心理界限不被侵犯的關鍵。自愛並不是自私,有一位智者曾說過,我們對自己的愛實際上也是對他人的一種規範。為了防止他人對我們的貪婪和自私,我們必須學會拒絕他人。當我們感覺不舒服時,要勇於說不。

小王是一個公認的好人,但經常因為不懂得拒絕而吃虧。小王與小杜共同值班,但小杜常常擅自離開去辦私事,

第 7 章 婚姻心理學：婚姻那點事

並總是笑著對小王說：「你人最好了，幫我看一下啊！」雖然小王心裡有些不情願，但他還是勉強答應了：「你去吧，中午沒什麼事，我一個人就行了。」久而久之，小杜更頻繁地利用小王，讓他幫忙看班。

後來，小王換了工作，接替他的同事小李開始工作。當小杜再次向小李提出同樣的請求時，小李笑著回應：「好啊，你去吧，只要你能找到人替你值班。」小李這樣的做法不僅讓他贏得了同事的尊重，還讓大家一致認為以前的小王太過於懦弱。

小王一味向小杜妥協，實際上是對自己不夠愛護的表現，他的心理界限已經被侵犯，卻還未意識到需要保護自己。當然，這也要看實際情況而靈活應對。當他人確實有急事需要處理時，我們可以適當地給予幫助，但也不能濫用自己的愛心和善良。

在日常生活中，我們需要保護自己的權益不被侵犯，同時也應避免主動侵犯他人的領地。學會巧妙地說「不」，保持彼此的界限，尊重他人，這樣才能維持良好和諧的人際關係。

七年之癢：真愛的挑戰與契機

生活視角

身邊朋友的離婚率逐漸增加，特別是結婚六、七年後的夫妻，讓人不禁想問：是否進入了傳說中的「七年之癢」期？

當激情四溢的戀愛走入日常瑣碎的婚姻生活，愛情便開始面對柴米油鹽的現實考驗。結婚後，愛情不再只由浪漫和甜蜜維繫，而是要承擔家庭責任、育兒壓力、日常的瑣事管理。看似美滿的愛情，經歷了這些日常的考驗，開始出現分歧和磨合。即使不會有審美疲勞，也不可能像熱戀時那樣「情人眼裡出西施」，每天對同一張臉的接觸，開始使人感到心靈上的疲憊。

婚姻外的自由世界，燈紅酒綠，總讓人感覺無限吸引，讓那些尚未結婚的人或是婚姻中的不安者，蠢蠢欲動，嚮往著外面的自由。而婚姻所承擔的更多是責任與親情。如果這就是婚姻的「癢」，那麼這也是婚姻必經的一段過程。

從成長的角度來看，很多人最初愛對方時，更多的是對方的幻想，而不是對方的真實自我。而且，大多數人對自己及自己需要什麼樣的配偶認知不夠清楚。隨著時間的流逝，尤其是在有了孩子後，育兒的重擔、教育理念的不同、婆媳

第 7 章　婚姻心理學：婚姻那點事

關係等家庭衝突慢慢浮出水面。而當孩子出生後，母親的情感多集中在孩子身上，夫妻間的情感疏離便成為了問題，這種冷漠常常成為婚姻中的心結。

梅梅的故事便是一個典型的例子。自從梅梅生下孩子後，孩子成為了她生活的中心，而她的丈夫和她的婚姻卻漸漸被忽略。梅梅選擇親自照顧孩子，拒絕母親的幫助，並決定和丈夫分開居住，以便專心照顧嬰兒。隨著時間推移，梅梅的生活完全圍繞著孩子，忽略了丈夫的需求，甚至將丈夫喜愛的活動和食物置之不顧。

這種長期的忽視，讓梅梅的丈夫漸漸產生了不滿。當丈夫表達不滿並對梅梅的過度專注於孩子發泄時，梅梅並未意識到問題的嚴重性。直到她的朋友告訴她丈夫和另一名女子的親密行為，梅梅才如夢初醒。

在家庭生活中，夫妻關係是最為重要的，它是家庭穩定和幸福的基礎。然而，由於夫妻兩人的人生發展路徑不同，生活的觀點和需求也會有所差異，若夫妻間不加以正確的溝通和理解，衝突就容易發生。

其實，婚姻中的最大危機並非來自婚外情，而是來自夫妻間的隔閡和無法有效合作的問題。當夫妻之間過於熟悉時，往往忽略了對方的需求，認為對方會自然而然地理解自己，這樣一來，衝突和誤解便不可避免。

心理層面

七年之癢

「七年之癢」這個詞彙源自於美國著名影星瑪麗蓮・夢露（Marilyn Monroe）主演的同名影片《七年之癢》(*The Seven Year Itch*)，影片講述的是一名結婚七年的男子，在妻子去鄉間度假期間，與一位風騷的女房客發生了情感糾葛，最終他幡然醒悟，回到妻子身邊，並重新修補了兩人的關係。這部影片傳遞出一個資訊：當婚姻走過第七年，夫妻之間常常會因為某些問題而感到不滿或厭倦，進而面臨婚姻的危機。

從心理學的角度來看，當婚姻走過第七年，許多情感的裂縫開始顯現。隨著時間的流逝，戀愛時的浪漫和新鮮感逐漸消退，取而代之的是日常生活中的瑣碎與單調。長時間的相處，讓彼此的缺點和價值觀的差異逐漸顯露，這時婚姻中的問題變得更加難以忽視。情感的疲憊和厭倦可能讓婚姻進入「瓶頸」，如果這段關係無法有效溝通和解決問題，婚姻可能面臨破裂的危機。

然而，七年之癢並非每對夫妻都在第七年才出現問題。事實上，許多婚姻中的問題早已存在，只是兩人還在忍耐和調適中。當這些未解決的問題積壓到一定程度，尤其是在婚姻的第七年時，夫妻可能會突然無法忍受這些不滿，選擇面對或直接放棄。值得注意的是，也有很多婚姻並未等到七年就走到盡

第 7 章　婚姻心理學：婚姻那點事

頭,問題的積壓或矛盾的加劇往往使得婚姻提早結束。

總之,「七年之癢」是一個對婚姻來說至關重要的階段,這是一個需要夫妻雙方共同努力、理解與調整的時期。如果能夠在這一階段正視婚姻中的問題,尋找積極的解決方法,那麼夫妻的關係不僅能夠渡過這一難關,還能夠變得更加堅固,迎接更長久的未來。

幸福指南

七年之癢是很多人婚姻中的一個重要關卡,也被視為婚姻中常出現的危機。在長時間的婚姻生活中,新鮮感逐漸消失,戀愛時的激情和理想化逐漸暴露出來的現實問題。正如心理學所指出的,七年之癢的出現,通常反映出婚姻中的某些問題和矛盾,夫妻雙方從浪漫的戀愛轉變到日常的家庭生活後,彼此的缺點和矛盾會漸漸顯現出來。

婚姻並非只有問題和挑戰,它同時也是一個人成長和改變的契機。結婚後,夫妻不再是戀愛時的理想化對象,而是實際的生活伴侶。此時,七年之癢提供了兩個選擇:繼續幻想著當初的甜蜜,或是選擇面對對方的真實,並在真實的基礎上重建關係,找到新的愛。

那麼,如何有效度過這個「七年之癢」的時期,讓婚姻得以長久穩定?以下是一些可以參考的策略:

1. 改變自己，而不是試圖改變對方

婚姻中的一大問題是，夫妻常常試圖將對方塑造成自己理想中的樣子。然而，這樣的期望往往不切實際，容易導致不必要的衝突。相反，應該更多地自問：「我能帶給對方什麼？」提供情感上的支持和關懷，哪怕是最小的舉動，譬如一句溫暖的話語、一個鼓勵的微笑，都能幫助兩人保持親密感。

2. 保持適當的私人空間

在婚姻中保持各自的私人空間對雙方都是有益的。這不僅能減少過度依賴和壓力，還能幫助雙方保持個人的興趣和愛好，避免一方過於依賴另一方。婚姻中的愛情需要自由和尊重，而不應該是限制和束縛。

3. 珍惜眼前人

在婚姻中，很多人會習慣性地將注意力放在其他人的配偶或是理想中的另一半身上。然而，這樣的心態往往忽略了自己身邊的另一半。每一段關係都是獨特的，婚姻中的伴侶不一定是最完美的那個人，但正是他／她是最適合你的那個人，這才是最重要的。

4. 理智地面對離婚

有些夫妻可能在七年之癢的壓力下選擇離婚，但離婚不應該是衝動的決定。如果婚姻中的問題無法解決，離婚可能是一個選項。然而，離婚後應該理性反思，了解問題的根源。如果不明白自己需要的是什麼，離婚後可能會陷入更深的迷茫和痛苦。因此，在決定前需要清晰的自我認知。

總之，婚姻中的七年之癢並不代表婚姻的終結，而是一個重新調整和成長的機會。經過這段時期的洗禮，夫妻關係可以變得更加深刻穩定，愛情也能夠經歷時間的考驗，從而迎來更成熟、更真摯的愛。在這段過程中，雙方需要更多的理解、包容和共同努力，才能度過難關，擁有更加幸福的未來。

丈夫該如何處理婆媳矛盾

生活視角

婆媳關係長期以來一直是家庭中最棘手的問題之一,尤其當婚後的生活與期待有所落差時,衝突便容易產生。許多女性在觀看電視劇或聽聞現實生活中的婆媳糾紛後,對婚姻產生疑慮,擔心自己是否能夠處理好這段關係。而在現代社會,網路論壇與社群媒體充滿了媳婦抱怨婆婆的聲音,卻較少見到婆婆抱怨媳婦,這並不代表婆婆沒有意見,而是她們的情緒與怨氣可能更多地在親友之間流傳,影響更為深遠。

小偉即將前往國外進修半年,這對於他的職涯發展極為重要,然而,這個決定卻讓妻子庭庭感到焦慮。兩歲的孩子需要人照顧,而她身為職業女性,無法兼顧工作與家庭。就在夫妻倆仍在爭論如何安排時,小偉的母親主動從家鄉來探望,並提出要幫忙照顧孫子。

小偉原本以為母親只是短暫停留,幫忙一陣子便會離開,然而,母親卻逐漸融入家庭,甚至表現出長期同住的意願。庭庭原本就因丈夫的離開而感到壓力,婆婆的長期居住更讓她的生活方式受到影響。以前,她習慣兩三天回娘家一次,然而,婆婆在家時,她卻不再輕易踏進娘家。即便與婆

婆同住,庭庭卻難以真正融入,每次外出都要顧慮婆婆的感受,擔心獨留對方在家是否會顯得不夠尊重。

隨著時間推移,庭庭開始變得冷漠,不再品嘗婆婆熬的湯品,也對婆婆親手編織的圍巾興致缺缺,內心只盼望婆婆能早日回家鄉。然而,婆婆也感受到媳婦的疏遠,某天終於忍不住拿出返鄉的機票,淚眼婆娑地對小偉與庭庭說:「我來是為了幫忙,沒想到卻換來這樣的待遇。我不僅沒能享受天倫之樂,還失去了我的兒子。」

婆媳衝突終於爆發,庭庭和婆婆爭執不休,而小偉夾在中間,試圖安撫雙方情緒,卻發現無論如何勸解,都難以消除兩人的怒氣。最終,婆婆指著小偉,語氣決絕地說:「如果這個家有這個女人,我就永遠不再踏進這個家門!」

庭庭聞言,再也無法忍受,當場收拾行李,帶著孩子憤然離去。小偉面對母親的權威,只能無奈地看著妻子離開。

婆媳關係之所以難以處理,往往是因為雙方的立場與需求不同。婆婆與媳婦共享同一個家庭,涉及到經濟分配、家庭事務管理等多個層面,這些都可能成為爭執的導火線。傳統社會中,家中多由婆婆掌控家務,當媳婦進入家庭後,成為家中的另一位女主人,角色轉換的過程便容易產生摩擦。婆婆可能難以接受自己不再擁有絕對的話語權,而媳婦也可能不願意輕易妥協,於是衝突就此展開。

此外，婆媳原本來自不同的家庭背景，擁有各自的生活習慣與價值觀，在同一屋簷下生活，難免需要適應對方的模式。若雙方無法互相接納，彼此的關係便會日趨緊張，甚至進一步惡化。

在婆媳衝突中，丈夫往往扮演關鍵的調和者角色。他既是母親的兒子，也是妻子的伴侶，如何在兩者之間取得平衡，成為決定家庭和諧與否的重要因素。若丈夫無法有效處理婆媳間的矛盾，很容易讓自己陷入「夾心餅乾」的困境，最終家庭失衡，甚至導致婚姻破裂。

丈夫應該理解，婚後生活與母親的親子關係將有所改變，夫妻之間的共同決策與生活安排應該優先考量，這並不代表對母親不孝，而是家庭結構自然演變的過程。如果婆婆仍然抱持「娶了媳婦忘了娘」的心態，誤以為兒子因婚姻而疏遠自己，丈夫便需要適時溝通，向母親表達對她的關心，同時也讓她理解夫妻之間需要更多的獨立空間。

現代女性的角色已經與過去不同，許多媳婦成長於獨立自主的環境，她們重視個人空間與尊重，不願被傳統框架束縛。同時，許多婆婆仍然習慣傳統家庭結構，期待媳婦能夠擔任「賢妻良媳」的角色，這種期待的落差，便成為婆媳問題的根源之一。當媳婦不願順從舊有的家庭模式，婆媳矛盾便可能激化，甚至演變成長期的對立。

第 7 章　婚姻心理學：婚姻那點事

心理層面

婆媳關係

　　婆媳關係是家庭中最具挑戰性的人際關係之一，其和諧與否不僅影響婆媳雙方的生活，也會牽動夫妻關係、親子互動，甚至影響整體家庭氛圍。當婆媳關係緊張時，夾在中間的丈夫往往會感到壓力，而家庭的穩定性也可能因此受到影響。

　　這段關係既不同於婚姻，也無血緣關係，而是透過夫妻與親子關係延伸而來的特殊聯繫。它不像親子關係般與生俱來，具有天然的依附性，也不像夫妻關係因愛情建立，而能透過承諾與互動培養親密感。因此，婆媳之間需要透過適應與磨合來建立相處模式。

幸福指南

　　在家庭關係中，婆媳相處的和諧與否，往往取決於兒子的態度與智慧。作為連結雙方的橋樑，兒子的立場與作為能有效避免婆媳之間的不愉快，維持家庭的和諧。以下幾種常見的婆媳矛盾，若能適當處理，便能讓家庭關係更為融洽。

1. 處理重男輕女的觀念

在部分傳統家庭中，仍存在重男輕女的觀念，若婆婆對於媳婦生下女兒而態度冷淡，可能會造成家庭矛盾。這時，身為兒子的丈夫應當明確表態：「孩子無論性別都是我們的寶貝。」讓母親感受到兒子對女兒的珍視。此外，若能在家庭中適時傳遞基因遺傳的科學概念，讓長輩理解生男生女並非媳婦可控制，也能減少對媳婦的責難，營造更開放與包容的家庭氛圍。

2. 家務分工的公平性

在許多家庭中，婆婆可能會認為家務應由媳婦承擔，然而現代夫妻大多共同負擔經濟責任，家務的分擔亦應公平。若丈夫能主動表示：「我們都要上班，家務應該一起分擔。」婆婆便較不易對媳婦產生不滿。此外，當婆婆試圖搶過家務時，丈夫可適時介入，讓母親理解夫妻間的相互照顧，而非單方面的付出。

3. 消費觀念的代溝

婆婆習慣節儉，而年輕夫妻則重視生活品質，這在花費上往往產生矛盾。例如，當婆婆對媳婦的購物行為有所微詞，丈夫應站出來協調，緩和婆婆的疑慮：「現在社會不同

了,穿得好看也是一種自信的表現。」透過理解彼此的價值觀,雙方可在消費習慣上找到平衡點,避免摩擦升級。

4. 用餐待遇的差異

部分婆婆可能在兒子在家時準備豐盛的餐點,而在媳婦單獨在家時則隨便應付,這容易讓媳婦感到不被重視。此時,丈夫若能對母親說:「家人都應該均衡飲食,即使我不在,大家也要吃得好。」並關心妻子與母親的日常飲食習慣,便能避免媳婦心生不滿,進而影響家庭和諧。

5. 尊重媳婦在家庭中的地位

有些丈夫在父母面前表現大男人主義,私下卻對妻子百依百順,試圖以此維持家庭的平衡。然而,這種做法可能讓婆婆低估媳婦在兒子心中的重要性,進而在日常生活中對媳婦有所輕視。若丈夫能在母親面前展現對妻子的尊重,婆婆也會相對提升對媳婦的認同,減少潛在的衝突。

6. 建立健康的家庭界限

婆媳相處不必如母女一般親密,而是應該建立適當的心理與生活距離。在許多西方國家,夫妻關係被視為核心,原生家庭則是次要角色,因此婆媳之間的界限較為明確。然而,在東方社會,許多母親在兒子婚後仍深度介入其婚姻生

活,導致婆媳矛盾頻發。要建立健康的家庭關係,丈夫應協助母親理解,兒子成家後,夫妻關係應優先於親子關係,並避免讓原生家庭過度影響新家庭的生活。

7. 間與時間的獨立性

避免婆媳矛盾的關鍵之一,是維持適當的生活空間與時間界限。若條件允許,夫妻與婆家分開居住能有效減少生活摩擦,讓彼此擁有各自的生活方式與習慣。即便需要同住,也應建立明確的界線,例如劃分家務分工、尊重彼此的作息習慣等,讓家庭成員都能在舒適的環境中生活。

在婆媳關係中,丈夫的態度與作為至關重要。許多男性因不願面對婆媳問題而選擇逃避,然而這樣的態度往往讓小問題逐漸積累,最終導致無法挽回的衝突。相反地,若丈夫能夠積極扮演溝通的橋樑,適時調解雙方的誤解與矛盾,並為媳婦爭取應有的尊重與空間,便能有效降低婆媳間的摩擦,讓家庭關係更加和諧。

第 7 章　婚姻心理學：婚姻那點事

現代社會的「單身女性」現象

生活視角

當提到「單身女性」，許多人可能會產生刻板印象，認為這是因為條件較差而被婚姻市場「淘汰」的結果。然而，實際情況卻大相逕庭，許多仍未結婚的女性往往擁有優越的學歷、穩定的職業，經濟獨立，甚至在人際關係與生活品質上都處於理想狀態。這樣的女性，為何仍然單身？

傳統社會強調女性應該早日成家，視婚姻為人生必經之路。然而，現代女性對婚姻的看法已經發生根本變化，婚姻不再是人生的唯一目標，而是生活選擇之一。許多女性在事業上投入大量時間，享受個人成就與自由，不願為了符合社會期待而草率步入婚姻。正如一位三十多歲的單身女性所說：「我並非抗拒婚姻，而是希望找到真正合適的人，而不是為了結婚而結婚。」

社會地位的提升，使許多女性對伴侶的要求不僅限於經濟條件，還包括價值觀、生活方式、成長空間等多個層面。然而，能夠符合這些標準的男性相對較少，而年齡增長後，女性更不願意因為社會壓力降低標準，導致匹配困難。以一位名校畢業的三十五歲女性為例，她擁有高薪職位，生活充

現代社會的「單身女性」現象

實,但周遭男性大多已婚,或是無法與她在價值觀與目標上契合,導致遲遲未找到適合的對象。

雖然社會進步,但婚姻市場上的傳統觀念仍根深蒂固。許多男性在擇偶時,仍偏好年輕女性,並且希望在學歷、事業、經濟實力上「略勝一籌」,以維持心理優勢。這使得許多優秀的單身女性,在婚姻市場上反而面臨挑戰。就像某些男性在談論「高學歷女性」時,戲謔地形容為:「學歷越高,婚姻越難」,似乎將女性的成就與婚姻機會對立起來,忽略了真正的關鍵在於雙方價值觀是否匹配,而非單純的學歷高低。

不少單身女性其實對當下的生活狀態感到滿意,她們擁有穩定的社交圈,能夠自由規劃時間,從事自己熱愛的活動,而不受婚姻的束縛。例如,一位三十三歲的朋友分享:「我平日上班,下班後運動、學習,假日可以約朋友旅行,完全不用考慮另一半的意見或家務分工。」這樣的生活方式,對某些已婚女性而言甚至是羨慕的對象。因此,單身女性不一定是不願意結婚,而是權衡後發現婚姻並非當下的必要選擇。

事實上,社會上不只是女性單身,許多男性同樣面臨婚姻困境。不同的是,未婚女性多集中於經濟穩定、社會地位較高的群體,而未婚男性則多分布於經濟條件較弱的階層。這些「剩男」由於收入較低,競爭力不足,無法吸引女性,但因為處於社會底層,反而較少受到關注,而「剩女」的討論較

多，僅僅是因為她們身處社會較高位置，較容易被看見。

現代社會的發展，使得女性擁有更多選擇權，婚姻不再是必須完成的「人生任務」，而是個人生活的一部分。那些選擇單身的女性，並非「被剩下」，而是有更大的自由去選擇最適合自己的生活方式。與其用「剩女」這樣的標籤來看待她們，不如理解這是一種社會變遷下的個人 —— 婚姻的價值，不在於符合傳統期待，而在於是否能真正帶來幸福與滿足。

心理層面

現代都市單身女性

現代都市中的單身女性，多數擁有高學歷、高收入與卓越的專業能力，且外貌條件優越。然而，由於她們對伴侶的選擇標準較高，導致在婚姻上較難找到理想對象，最終延遲或選擇不婚。

心理學研究顯示，與未婚男性相比，未婚女性往往承受更大的社會與心理壓力。社會普遍對男性的單身狀態較為寬容，未婚年齡的接受範圍也較大，而女性則容易因年齡增長而受到外界關注與評價，進而增加心理負擔，甚至影響自我認同與生活滿意度。

幸福指南

在現代社會經濟轉型的過程中,晚婚已成為普遍現象。許多條件優越的個人,在選擇伴侶時更加慎重,導致婚姻年齡逐漸延後,這種趨勢在現代社會中十分常見。

此外,部分單身女性的婚姻選擇受到物質環境的影響。無論男女,對婚姻的現實考量越來越強烈,選擇配偶時更注重經濟穩定性與未來生活的安全感。

現今的婚姻門檻較高,涉及住房、子女教育、照顧長輩等多方面壓力,使得許多年輕人對婚姻裹足不前。一位單身女性藍藍表示:「婚姻不只是簽下一紙婚約,而是攸關往後幾十年的生活與規劃。如果缺乏基本的經濟保障,進入婚姻就變成一場冒險。」另一方面,也有女性擔心婚後生育與家庭責任可能影響職涯發展,導致多年努力建立的工作基礎受到衝擊。在當前社會環境下,女性對未來的不確定感更為強烈,因此希望透過經濟穩定來確保自身的安全感,減少婚姻帶來的風險。

如果女性希望步入婚姻,一種方式是適當調整擇偶條件,理解世上沒有絕對完美的伴侶,追求百分之百的理想狀態往往是不切實際的。

但若選擇維持原有標準,也不必過度焦慮,而是以正向

的心態享受單身生活,在提升自我價值的同時,耐心尋找真正契合的伴侶。晚婚並不可怕,重要的是保持內心的充實與自信,讓自己在等待的過程中過得豐富且自在,也許幸福就在不遠處等著你。

明明「完美」，為何要離婚？

生活視角

在感情中，多數人會因為覺得自己的付出未被珍惜而感到痛苦。然而，在現實生活裡，也有些人明明擁有一位體貼入微、無可挑剔的伴侶，卻仍然選擇結束這段婚姻。這讓許多人不解，究竟問題出在哪裡？

媛媛是一位眾人眼中的「完美妻子」，聰慧、美麗，事業穩定，對家人與朋友無微不至。但即便如此，她的丈夫小羅仍堅持要與她離婚。

小羅坦言，媛媛沒有任何缺點，也沒有第三者介入，但他就是覺得與她相處時感到壓力，而這種壓力並非來自她的工作成就，而是一種說不清的沉重感，讓他在婚姻裡感到不自在。

對此，媛媛深感委屈：「難道對另一半好，反而成了一種錯嗎？我工作已經很忙碌，回家還是盡心盡力地做個好妻子，沒有什麼可挑剔的，他為什麼還要這樣對待我？」

這段婚姻的變故讓媛媛無法理解，也讓小羅的家人無法接受。他的父母對兒子的決定大為不滿，哥哥嫂嫂和親朋好友也紛紛替媛媛抱不平，甚至公開譴責小羅。

第 7 章　婚姻心理學：婚姻那點事

　　無法找到答案的媛媛，最終求助心理諮商，希望釐清丈夫離婚的真正原因。

　　經過心理諮商後，問題的核心逐漸浮現——並非「太好」導致婚姻破裂，而是長期單方面的付出打破了關係的平衡。

　　在諮商過程中，當被問及對家人、朋友與伴侶是否都是「毫無保留地付出」時，媛媛毫不猶豫地點頭，認為自己在任何關係中都力求完美，問心無愧。然而，當心理諮商師詢問：「你的朋友多，還是你丈夫的朋友多」時，她愣住了。她意識到，儘管自己一直努力對人好，身邊的朋友卻寥寥無幾，而丈夫卻有許多親密的友人。

　　難道，過度的好意，反而讓人想要疏遠？

　　心理諮商師進一步解釋，並非所有關係都需要絕對的奉獻。

　　在人際關係中，有些關係是不對等的，例如親子關係。父母對年幼子女付出較多，而年輕人則在父母年老時回報這份養育之恩，這種不對等的模式在家庭關係中較為常見，因此，人們對於「無條件的付出」較能接受。

　　然而，朋友關係與伴侶關係則不同，它們需要相對平衡的「付出與接受」。當一方總是單方面地給予，而另一方只是不斷接受，這種失衡會讓接受者感到內疚，而過度的內疚感

會轉化為壓力,最終導致逃避心理 —— 有些人可能選擇外遇,有些則像小羅一樣,直接選擇離婚。

對於這類情況,付出者往往感到不解,甚至認為自己是無辜的受害者,因為「自己這麼努力,卻換來對方的離開」。然而,關係的破裂有時並非因為對方不珍惜,而是因為不知不覺間,過度的付出已經讓對方喘不過氣。

這或許就是人們常說的「好人未必有好報」,但這並不代表「付出」本身是錯的,而是在婚姻關係中,過於單方面的付出,會無意間讓另一半失去話語權,甚至感到壓抑。長久下來,這段關係就變得失衡,進而影響婚姻的穩定性。

婚姻的本質在於雙方的交流與互動,而非一方的無條件付出。只有當彼此能夠在關係中保持適度的給予與接受,讓對方感受到真正的尊重與理解,才能讓這段感情長久維繫。

心理層面

夫妻關係的動態平衡

在人際互動中,夫妻關係與朋友關係都講求平等,唯有在接受與付出之間維持動態平衡,雙方的關係才能長久且健康。因此,付出與接受不應該是一方的單向行為,而應是一種互動的過程。

從表面上看，付出者似乎處於「吃虧」的一方，而接受者則是「獲益者」。但實際上，付出者往往在道德層面上處於較高位置，無形中掌握了關係中的主導權，成為心理層面的獲益者。

純粹的付出者並不一定是偉大的，因為當他們強迫自己做到毫無怨言的「完美付出」，目的往往是為了避免內疚感，讓自己能夠問心無愧。然而，這種內疚感並未真正消失，而是以另一種方式轉移——無意間加諸於接受者身上，使對方產生被虧欠的壓力。

換句話說，付出者在關係中可能享受這樣的心理機制：「既然我是無私付出的那一方，那麼無論我們的關係出現什麼問題，錯的都不會是我，而是你。」這樣的思考模式雖然看似合理，卻可能無形中讓關係失衡，讓對方在無法承受愧疚感的情況下選擇逃避，最終影響夫妻之間的親密與和諧。

健康的夫妻關係，不是單方面的奉獻，也不是單純的索取，而是雙方共同經營，讓彼此都能在關係中感受到被尊重與理解。

幸福指南

在婚姻關係中，我們常認為「對另一半越好，感情就會越穩固」。然而，事實卻並非如此。過度的付出不但未必能

換來感激，反而可能讓關係失衡，甚至引發對方的反感與逃避。

安靜是一位全心全意愛著丈夫的妻子，儘管家中經濟不寬裕，仍為了讓丈夫有面子，花費上萬元為他購買高級西裝，而自己卻在公司只花幾十元簡單填飽肚子。她每日細心為他洗衣、煮飯，無微不至地照顧他的生活起居。然而，即便如此，丈夫最終還是與公司的一名年輕女子發生感情，並提出離婚。

在前往辦理離婚的車上，安靜發現丈夫的皮鞋上沾了灰塵。即使他已經閉目養神，她仍忍不住俯身替他擦拭乾淨。這個場景令人動容，也讓人不禁疑問：「這樣一位為家庭全心付出的妻子，為何無法留住丈夫的心？」

剛聽到這個故事時，許多人可能會指責這名丈夫不懂珍惜，甚至認為他只是因為新歡年輕貌美而選擇背叛婚姻。然而，深入分析後，或許問題的根源不在於對方的變心，而是在於安靜過度的付出，讓婚姻關係逐漸失去平衡。

理想的夫妻關係，應該是雙方在物質與精神層面都能互相給予與接受的動態循環。當一方不斷地奉獻，而另一方只能被動接受，這樣的關係將逐漸變得壓抑，甚至導致情感上的失衡。

當付出者總是以犧牲自我來成全對方，會讓接受者產生

內疚感,長期下來,這種內疚不僅不會轉化為感激,反而可能變成壓力與逃避的理由。許多女性在婚姻中選擇無條件地奉獻,但這樣的「完美付出」反而可能讓對方感到不自在,甚至心生排斥。

這種現象在日常生活中很常見。例如,有些妻子習慣性地吃剩菜,將新鮮的飯菜留給家人。當丈夫勸她不要吃剩菜時,她仍堅持:「不能浪費,這樣太可惜了!」丈夫看著她總是吃著冷掉的飯菜,內心感到不忍,甚至有時憤怒地將剩菜倒掉,妻子則覺得委屈,無法理解丈夫的行為。實際上,這並非單純的爭執,而是丈夫希望妻子能將自己放在與他平等的位置,而非一直扮演「犧牲者」的角色。

類似的情境也發生在家庭關係中。有些母親總是不願吃水果,總是說:「我不喜歡吃,你們吃吧。」然而,家人都知道她其實並非真的不愛吃,而是希望將最好的留給孩子與家人。久而久之,這種行為反而讓家人產生心理負擔,吃與不吃都變得彆扭,最終形成無形的壓力。

這種失衡不僅出現在女性身上,男性同樣也會面臨類似問題。當一個男人對另一半百依百順,沒有自己的立場與主見,可能會讓對方感到缺乏挑戰性與吸引力,最終導致感情破裂。

嘉祺曾經拋棄一位有車有房的男友,選擇與毫無經濟基

礎的嚴溯在一起。身邊的朋友都為她的選擇感到不解,但嘉祺解釋:「我的前男友對我太好了,讓我感到窒息。他總是迎合我,從不對我說『不』,甚至連逛街時,他的眼裡都只有我。但這樣的關係,讓我感覺像是在和一個沒有個性的人相處,缺乏真正的交流。嚴溯雖然物質條件一般,但他會對我表達情緒,甚至會對我發脾氣,這讓我覺得他是一個有血有肉的人,而不是單純的僕人。」

從這個例子來看,我們可以理解 —— 真正的愛情與婚姻,需要的是互相影響、彼此成長,而不是單方面的順從與討好。

最理想的夫妻關係,不是單方的奉獻,而是彼此之間願意慷慨付出,同時也能坦然接受對方的愛。只有當雙方都在這段關係中感受到自身的價值,而不是成為對方的負擔,這段感情才能長久穩定。

付出本身並沒有錯,但過度的付出,卻可能成為關係的枷鎖。真正的愛,不是單方面的成全,而是讓彼此都能在關係中獲得快樂與滿足。當一段感情變得單向而失去平衡,無論付出多少,終究難以換來真正的幸福。

第 7 章 婚姻心理學：婚姻那點事

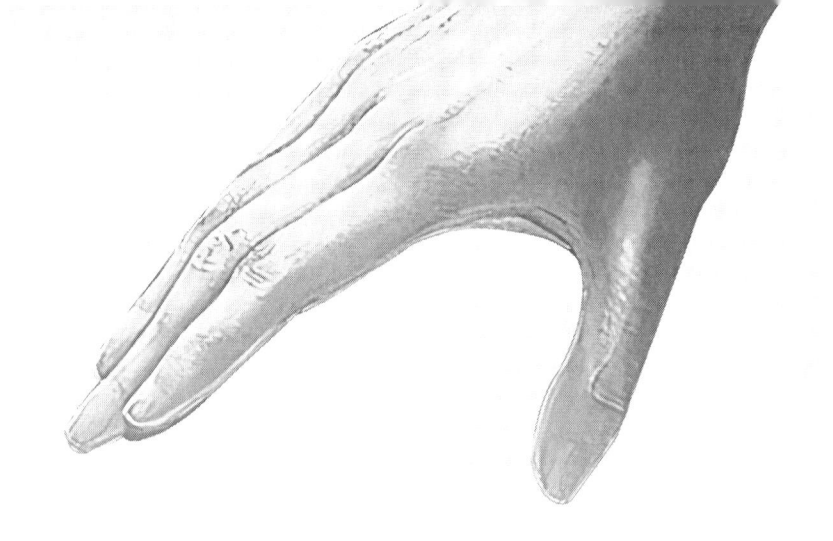

第 8 章

教育心理學：
沒有平庸的孩子，只有失敗的父母

第 8 章　教育心理學：沒有平庸的孩子，只有失敗的父母

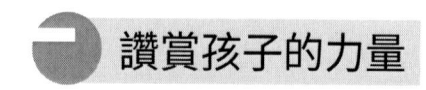

讚賞孩子的力量

生活視角

在教育孩子的過程中，許多父母習慣於糾正缺點，卻忽略了讚賞優點的影響力。事實上，適當的肯定與引導，能夠幫助孩子建立自信，並主動朝著更好的方向發展。

一位行銷專家在教育女兒的經驗中，就展現了這種心理學技巧的神奇效果。

這位專家的女兒性格活潑，但也有許多讓父母頭疼的小毛病。某天，他問女兒：「妳覺得自己有什麼優點呢？」女兒想了一會兒，列出了五點。沒想到，爸爸卻遺憾地說：「怎麼可能只有這些？妳一定還有更多優點，好好想想，寫下來，等我出差回來再看看。」

幾天後，當他回到家，妻子笑著迎上來：「你快去看看孩子的房間！」進去一看，女兒將自己想到的優點一一寫在紙上，貼滿了整面牆。從最初的五個，竟變成了數十個，雖然其中有些明顯是誇大或自創的，但這位父親卻沒有急著反駁。

妻子忍不住擔心：「這樣下去，你會把她培養成自戀狂吧？有些優點明顯是她自己編的！」

這位專家卻笑著說：「放心，很快這些優點就會變成真的。」

從那天開始，他便透過各種機會強化這些「優點」。當女兒開始幫忙收拾碗筷，他立刻誇讚：「哇，妳真的很勤勞！」而在此之前，她從不曾主動整理餐桌。漸漸地，這些曾經只是寫在紙上的「優點」，成為了她真實的行為，幾個月後，她已經完美地體現了那些曾經自我標榜的特質，變得更加自信且正向。

這位父親的方法，其實正符合心理學中的「認知失調理論」（Cognitive dissonance theory）與「狄德羅效應」（the Diderot Effect）。當人對自己的認知與行為不符時，內心會產生矛盾，進而促使行為改變，以維持內在一致性。

這種心理機制，可透過一個知名的哲學故事來解釋：

十八世紀的法國哲學家丹尼斯・狄德羅（Denis Diderot），有一天收到朋友送的一件精美睡袍，他十分喜愛。然而，當他穿上這件華貴的睡袍時，卻發現書房內的家具顯得老舊破舊，地毯的針腳也顯得粗糙不堪。為了讓環境與睡袍相襯，他陸續更換家具、地毯，直到整個書房煥然一新。然而，最終他卻發現，自己竟然「被一件睡袍改變了」。這種現象被稱為「狄德羅效應」，即當人們獲得新事物時，會傾向於調整環境或行為來匹配新的標準。

第 8 章　教育心理學：沒有平庸的孩子，只有失敗的父母

同樣地，這位行銷專家的女兒，因為先認同了自己具備某些優點，便開始不自覺地改變行為，讓自己真正成為那樣的人。

「狄德羅效應」可以帶來正面或負面的結果，端看所建立的「核心認知」是正面還是負面。如果孩子從小被貼上「不聽話」、「懶惰」等標籤，他們可能真的會朝這個方向發展，因為這就是他們認同的「自我形象」。然而，如果父母能為孩子提供一件「好的睡袍」──即正向的自我認同，孩子則會自然地改變行為來符合這個認知，讓自己變得更好。

這位父親的做法，就是先讓孩子「看到」自己的優點，進而透過讚賞強化這些特質，使她不斷提升自我，最終達成真正的改變。這樣的教育方式，不僅能減少父母的壓力，也能讓孩子在充滿肯定的環境中成長，培養出更強的自信與積極性。

教育孩子，不只是糾正缺點，更重要的是幫助他們建立正向的自我認同。透過適當的讚賞與引導，孩子會逐步發展出符合這些肯定的行為，讓正面的自我形象成為他們的成長動力。與其花時間責備孩子的不足，不如嘗試發掘並強化他們的優點，因為當孩子相信自己擁有這些特質時，他們便會努力成為這樣的人。

心理層面

狄德羅效應

當人們獲得了一件新物品時，往往會不自覺地調整其他事物，使其與新物品相匹配，以維持內在的心理平衡。例如，當一個人購買了一件高級西裝後，他可能會開始留意自己的鞋子是否合適、手錶是否得體，甚至重新整理整體形象，以確保整體協調。這種心理機制，被稱為「狄德羅效應」。

這種現象不僅發生在物質層面，也影響著個人的行為與價值觀。如果一個人開始認為自己是個積極向上的人，那麼他的行為也會隨之發生變化，可能開始注意時間管理、提升專業能力，甚至重新塑造人際關係，讓自己的生活與這個新認知相符。

認知失調理論

美國心理學家利昂‧費斯廷格（Leon Festinger）提出的「認知失調理論」，進一步解釋了人們如何在內心矛盾時尋求平衡。當個人的信念與行為發生衝突時，會產生一種不安的心理壓力，使人想要減少這種不協調感。這種心理機制促使人們透過改變行為或調整觀念來維持內在的和諧。

第 8 章 教育心理學:沒有平庸的孩子,只有失敗的父母

幸福指南

每個人內心深處都渴望被認可與欣賞,這種需求在孩子的成長過程中尤為重要。家長若能學會「賞識」,將會像陽光、空氣與水分一樣,滋養孩子的精神世界,使他們茁壯成長。在賞識的教育理念下,家庭關係更趨向於接納、寬容與和諧,也能讓孩子在肯定與幸福的環境中成長。

從心理發展的角度來看,幼年的孩子尚未具備成熟的自我評價能力,他們對自己的了解,很大程度上來自於父母的態度與評價,並將這些外在回饋內化為自我形象。因此,父母如何對待孩子,將直接影響他們的自信心與行為發展。

然而,許多家長在教育孩子時,往往忽略了賞識的重要性。他們在看到孩子的優點時,習慣性地默默欣慰,卻在孩子犯錯時嚴厲指責,甚至懲罰。他們沒有意識到,若缺乏肯定與讚賞,孩子可能會在長期的指責與否定中,逐漸喪失自尊與自信,甚至形成自卑心理,影響一生的成長。

相反地,一次適時的讚美,可能改變孩子的一生。當父母不再吝惜稱讚,而是善於肯定孩子的長處,擴大他們的優點,便能幫助孩子建立自信,使他們更勇敢地面對挑戰,發掘自己的潛能。正向的肯定與鼓勵,不僅是孩子創造力的催化劑,更是他們自我提升的動力來源。

「沒有失敗的孩子,只有失敗的父母與老師。」每個孩子

都擁有獨特的優勢，只是家長是否能夠發掘並加以引導。有一位學者曾說：「即使全世界都看不起你的孩子，身為父母，也應該含淚欣賞他、擁抱他、讚美他。」

事物總是具有兩面性，孩子表現出的行為，也可以從不同角度來看待。如果一個孩子常常頂嘴，除了可能是缺乏禮貌，也代表他擁有不畏權威的勇氣；若孩子固執己見，除了較為倔強，也說明他具有獨立的判斷能力；若孩子喜歡指揮別人，雖然可能需要學習尊重他人，但同時也展現了領導能力；若孩子容易受欺負，除了反映出個性溫和，也可能是因為過於善良、不願傷害他人。

孩子並非缺乏優點，而是大多數父母未曾用心發掘。當家長能夠注意到孩子的一點點進步，及時給予肯定，就如同為孩子披上一件正面的「睡袍」，激發他們內在的成長動機，促使他們更主動地展現與之相符的行為。每個人都渴望成為更好的自己，當孩子選擇了一種正向的自我認同，並持續獲得正向回饋時，他們的行為自然會朝著這個方向發展，而過去不適應的習慣也會逐漸消失。

一位年輕人曾流浪到巴黎，生活困頓不堪。他找到父親的朋友，希望對方能幫他找到一份工作。

「你數學好嗎？」對方問。

年輕人羞赧地搖頭。

第 8 章　教育心理學：沒有平庸的孩子，只有失敗的父母

「歷史、地理呢？」

年輕人仍然不好意思地搖頭。

「那法律呢？」

青年垂下頭，感到極度窘迫。

「會計會嗎？」

他依舊只能搖頭，幾乎要失去希望。

「那你先把住址寫下來吧，我總得幫你找一份工作。」

年輕人羞愧地寫下住址，正準備離開時，卻被對方拉住：「你的字寫得很漂亮啊，這就是你的優點！」

青年驚訝地抬頭，從對方的眼神中看到了真誠的肯定。他開始思考：「既然我能把名字寫好，那是不是也能把字寫得更漂亮？如果能寫得更漂亮，那是不是也能寫出好看的文章？」這樣的鼓勵，讓他開始放大自己的優點，並由此展開人生的轉變。

多年後，他寫出了享譽世界的經典文學作品。他，就是法國 19 世紀著名作家大仲馬（Alexandre Dumas）。

如果家長能像這位識才的朋友一樣，善於發現並放大孩子的優點，那麼孩子便能更容易了解自己的潛力，發掘自己的天賦，最終成為生活中的成功者。當孩子擁有自信，對自己的能力有清楚的認知，他們就不會困於自我懷疑，而是能夠勇敢追求理想。家長給予正向的肯定與支持，等同於告訴

孩子:「你的未來掌握在你手中,成功是努力的結果。」這才是幫助孩子成長、鍛鍊獨立人格的最佳方式。

父母對孩子的評價,將影響他們的自我認知。「我是好孩子」的信念,來自於家長的肯定;相反,當家長頻繁給予負面評價,孩子也可能在「我是壞孩子」的意念中自我放棄,甚至做出符合這個標籤的行為。

實際上,並不是因為孩子夠好才值得賞識,而是賞識讓他們變得更好;也不是因為孩子夠壞才需要責備,而是抱怨與指責,讓孩子的自信心逐漸瓦解,使他們更加無助。

然而,賞識必須有根據,並且掌握適當的分寸。過度誇大或無憑據的讚美,並不能真正建立孩子的自信,反而可能導致自大或不切實際的期待。因此,家長應該根據孩子真實且具體的表現,適時給予肯定,並持續強化孩子的正向行為,才能讓讚賞發揮最大的效果,使孩子真正受益。

當父母懂得欣賞與鼓勵,孩子將學會如何肯定自己,並在正向的引導中,逐漸邁向更優秀的未來。

第 8 章　教育心理學：沒有平庸的孩子，只有失敗的父母

三明治式溝通法

生活視角

　　真誠的讚美能照亮孩子的內心，讓他們充滿自信，但孩子的成長過程中難免犯錯，適時的責備同樣不可或缺。讚美是鼓勵，責備是提醒，兩者相輔相成，缺一不可。

　　表揚相對容易，哪怕只是簡單的幾句話，孩子都能樂於接受。然而，責備卻是一門學問，若處理不當，不僅難以讓孩子意識到錯處，還可能傷害他們的自尊心，導致他們抗拒學習與改進。

　　假設孩子不小心打破了碗，若父母當場發火，對孩子嚴厲指責，他的注意力可能不會放在自己做錯了什麼，而是轉向父母的態度，甚至認為父母更在意碗的價值，而非自己的感受。當孩子將焦點轉移到父母的言行時，責備的本質便失去了效果。

　　然而，如果換一種方式，一位智慧的母親會先關心孩子：「手有沒有受傷？沒受傷就好。」接著，她會溫和地說：「你一直做事很細心，今天怎麼會不小心打碎碗呢？這樣可能會讓自己或別人受傷，而且還會浪費錢。所以以後拿碗的時候要小心一點，好嗎？」

這樣的表達，讓孩子感受到被關心的同時，也明白了錯誤所在。他不僅更願意接受指責，還能在愛與理解中學會如何改進行為。

這種「表揚 —— 指責 —— 鼓勵」的方式，被稱為「三明治式溝通法」（Sandwich Feedback Technique），因其能讓受責備者更容易接受並從中成長，成為最受推崇的教育技巧。這種方式之所以有效，主要基於以下幾個心理學原理：

首先，先表揚能降低防衛心態。每個人都有保護自我價值的本能，當遭受直接指責時，會產生抗拒反應，甚至完全聽不進去，即便責備內容是正確的，也無法達到預期效果。因此，在責備之前，先給予肯定與關心，不僅能緩和孩子的情緒，也能建立更友好的溝通氛圍，使孩子願意接受後續的提醒。

其次，最後的鼓勵能去除責備帶來的不安。許多指責在結束後，會讓孩子產生長時間的焦慮，甚至誤以為自己在父母眼中是一無是處的。若責備之後能加入鼓勵，讓孩子知道自己仍然被信任，他們就能更勇敢地修正錯誤，而不會陷入自我懷疑。

最後，三明治式溝通法能保留孩子的自尊心。指責的目的是讓孩子改正錯處，而不是讓他們感到羞恥或受傷害。當責備能夠與正向評價結合，孩子會更容易從錯誤中學習，並維持對自己的正向認同，不會因一時的失誤而覺得自己「不夠好」。

第 8 章　教育心理學：沒有平庸的孩子，只有失敗的父母

　　這種方式的好處，在於能減少因孩子受到指責而引發的對抗情緒。當父母在責備時，願意先肯定孩子的努力與優點，孩子就能理解指責針對的是行為，而不是自己這個人，從而不會覺得父母是在「挑剔」或「否定」自己。

　　例如，當孩子因考試失利而傷心時，父母若只是單純責備：「你怎麼這次考這麼差？」孩子可能會感到挫折，甚至產生反抗心理。但若換成三明治式溝通法，則會是這樣的對話：「這次的數學題很難，但你之前在練習時做得很好，說明你是有實力的。不過這次可能有幾個地方沒掌握好，影響了成績。沒關係，我們可以一起找出問題，下次一定能更進步。」這樣的方式，不僅讓孩子保有信心，也讓他們知道如何改進。

　　責備的目的不是讓孩子害怕，而是讓他們理解如何變得更好。因此，父母在指正錯誤時，應該以尊重與愛為前提，讓孩子感受到被理解與支持，而不是被指責與否定。

　　當孩子感受到來自父母的肯定，他們便更容易接受建議，進而願意改正錯誤，主動追求更好的表現。這樣的教育方式，不僅讓孩子在愛與尊重中成長，也讓親子關係更加緊密，建立起長久的信任與溝通橋樑。

心理層面

三明治式溝通法

當責備內容被夾在兩層正向評價之間，使受責備者能夠愉快地接受並做出改進，這種現象被稱為三明治溝通法。

這種方式就像一個三明治，第一層是肯定、讚賞或關懷，讓對方感受到自身的價值與被尊重；中間則夾著建議、責備或不同意見，以溫和的方式點出問題所在；最後，則是鼓勵、信任與支持，讓對方在被指責後仍能保持正向的態度，願意接受指導並做出改變。

這種責備方式的最大優勢在於，它不僅避免了傷害對方的自尊心，也讓受責備者能夠從建設性的意見中獲益，並願意主動修正自己的行為。透過這樣的方式，指責不再是令人抗拒的否定，而是成為幫助成長的正向動力，使人能夠在關懷與信任中持續進步。

幸福指南

心理學家詹姆士曾說：「人類本質中最殷切的需求，就是渴望被肯定。」對於成長中的孩子來說，這種需求尤為強烈。因此，在教育孩子時，責備固然重要，但若能用表揚與鼓勵包裹責備，便能讓孩子更容易接受，並從中學習與改進。

第 8 章　教育心理學：沒有平庸的孩子，只有失敗的父母

「恩威並施」的道理，自古便為人熟知。如果把表揚視為正向刺激，責備為負向刺激，那麼「三明治式溝通法」便是在前後使用正向刺激，使指責的內容得到強化，而不至於讓孩子陷入挫折感中。這種技巧讓指責不再是單純的否定，而是一種溫和的引導，幫助孩子建立自我調整的能力，讓他們在自覺修正行為的同時，依然保持自尊與自信。

然而，指責就像是在別人身上動手術，稍有不慎，便可能造成傷害，影響教育效果。因此，家長在責備孩子時，除了掌握三明治式的技巧，還需注意場合與方式。在眾人面前可以誇獎孩子，但責備時，最好選擇私下進行。最高境界的責備方式，不是讓孩子感覺到「被責備」，而是讓他們覺得自己是主動修正行為，這樣才能真正內化改變，而非因外在壓力而勉強接受。

家長若想製作出一份「美味的三明治」，有些基本材料必不可少：包容心、能發掘美好的眼光、適量的誇獎、足夠的鼓勵，以及適當的責備。

不過，值得注意的是，當孩子反覆犯錯，且對問題缺乏改進的意願時，三明治式溝通法可能會失去作用，甚至讓孩子認為父母或老師的責備不過如此，導致教育失效。因此，在適用此方法時，仍需根據孩子的行為模式調整方式，確保責備能發揮真正的影響力。

此外，除了使用三明治式溝通法，在教育孩子時，家長還應注意以下幾個關鍵原則：

1. 平等溝通，建立互信關係

教育的核心在於溝通，而有效的溝通應建立在平等的基礎上。許多家長習慣以長輩的權威姿態去訓斥孩子，這種做法往往適得其反，使孩子產生抗拒心理，甚至與父母疏遠。相反，當家長能夠放下身段，站在孩子的角度，以朋友的方式與他們交流，溫和地指出錯處並引導改進，孩子更容易接受，教育效果也會更佳。

2. 父母立場一致，避免矛盾

在責備孩子時，父母的態度應保持一致，避免一方嚴厲指責，另一方卻溫柔護短。若夫妻之間在教育方式上存在分歧，應先私下商討，而非當著孩子的面互相指責。否則，孩子可能會因為父母意見不一，而學會投機取巧，甚至在父母之間遊走，挑選對自己有利的一方，這將削弱教育的效果，甚至導致孩子的行為出現問題。

3. 尊重孩子的人格，責備對事不對人

責備的目的在於幫助孩子修正行為，而非否定他們的價值。因此，在指出錯處時，家長應避免人身攻擊，應專注於

具體行為,而非貼負面標籤給孩子。例如,當孩子考試失利時,與其說「你就是不認真,才會考這麼差」,不如說:「這次考試的確有些地方沒掌握好,我們可以一起看看是哪裡出了問題,下次可以怎麼改進。」這樣的表達方式,能讓孩子感受到被尊重,也能幫助他們找出改善的方法,而不至於因負面標籤而喪失自信。

4. 冷靜面對問題,避免情緒化責備

當孩子犯錯時,家長的第一反應往往是生氣。然而,情緒化的指責只會讓孩子害怕,而無助於他們真正理解問題的嚴重性。相反,家長應先冷靜下來,了解事情的來龍去脈,再透過溝通引導孩子反思錯誤,並找到改進的方法。當孩子感受到父母的耐心與理性,他們才會更願意主動調整行為,而不是因為害怕被責罵而敷衍應對。

5. 客觀公正,避免過度誇大

有效的責備應該是客觀且具體的,讓孩子清楚知道自己錯在哪裡,以及應如何改進。然而,有些家長在指責時,容易將孩子的錯處無限放大,例如「你總是這麼不聽話」、「你怎麼每次都犯這種錯」,這種極端化的表達不僅無助於孩子理解錯處,反而會讓他們產生無力感,甚至認為自己怎麼做都不會被父母認可,從而放棄努力。因此,指責應該針對具體

的事件,而不是對孩子整體性格的否定,並應該讓孩子看到改進的可能性,這樣才能真正發揮教育的作用。

有效的責備,並不是簡單的指責或懲罰,而是一種藝術,需要技巧與耐心。三明治式溝通法的核心,在於透過適當的表揚與鼓勵,使指責的內容更容易被接受,讓孩子在理解錯誤的同時,仍能保有自信與動力。

此外,家長在責備時,應確保溝通的平等性、態度的一致性,並尊重孩子的人格,避免情緒化反應與過度指責。當責備能夠以理服人,而非以情緒壓迫,孩子才能真正從錯誤中學習與成長,進而養成良好的品格與行為習慣。

責備,不該是一種懲罰,而應是一種愛的教育。當孩子能夠在理解與尊重中修正錯處,他們便能更有自信地面對挑戰,並在愛的滋養下,成為更成熟、更獨立的人。

第 8 章　教育心理學：沒有平庸的孩子，只有失敗的父母

不當的獎勵反而是負擔

生活視角

　　許多父母為了激勵孩子達成目標，往往會透過各種方式來鼓勵他們。當孩子學步時，父母會熱情地拍手助威：「加油！加油！」當孩子變得懂事，家長可能會用小點心作為獎勵。然而，隨著孩子的成長，他們的需求日益增加，父母的獎勵方式也隨之升級，卻發現孩子已經不像幼時那般容易滿足。

　　曾經，一塊糖果就能讓孩子開心不已，而如今，他們開始期望更昂貴的獎勵，如手機、電腦，甚至直接要求金錢回報。這讓許多家長開始思考，獎勵是否真的能幫助孩子成長，還是讓他們過度依賴外在回報，進而影響他們的內在動機？

　　有些家長為了增強孩子的積極性，會以金錢作為激勵，例如孩子完成家事就能獲得「薪資」，作業整潔或成績優異則可領取「獎金」。這樣的獎勵機制短期內可能有效，但長期來看，卻可能帶來意想不到的影響。

　　像勵勤這樣的母親，從葉子五歲開始，便實施「金錢獎勵法」，希望透過報酬機制培養她的責任感與理財觀念。葉子

不當的獎勵反而是負擔

只要表現良好，就能獲得金錢獎勵；相反，若犯錯則需支付「罰單」。為了讓這套制度更具系統性，勵勤甚至製作了一本記帳本，詳細列出各項獎懲標準，如洗碗五元、拖地十元、成績滿分五十元等。

這套方法的確讓葉子變得更積極，她學會了規劃自己的支出，並珍惜每次賺錢的機會。然而，隨著葉子成長，她的價值觀也開始轉變。她開始對化妝品產生興趣，並用自己的「薪資」購買，當母親表示反對時，她卻理直氣壯地說：「這是我賺來的錢，我有權決定怎麼花！」這讓勵勤開始懷疑，這種獎勵方式是否真的能夠持續發揮正面影響。

金錢獎勵的確能讓孩子理解金錢的價值，並體會勞動的辛勞，但若過度依賴，則可能讓孩子變得功利，甚至形成「無報酬則無行動」的心理，使他們失去內在驅動力。

心理學家愛德華・德西（Edward Deci）於 1971 年進行了一項著名實驗，探討外在獎勵對內在動機的影響。他請受試者解答一系列智力難題，並將他們分為兩組：一組在完成任務後獲得金錢獎勵，而另一組則沒有任何物質回報。結果顯示，當有金錢獎勵時，受試者的確表現得更積極；然而，一旦獎勵被取消，這組的受試者對解題的興趣明顯下降，而未曾獲得獎勵的組別，仍保持高度的參與度。

這項研究說明，當某項行為的動機來自外在獎勵時，一旦獎勵消失，個體對該行為的興趣也會減弱。換句話說，若

第 8 章　教育心理學：沒有平庸的孩子，只有失敗的父母

孩子的行為僅僅是為了得到回報，而非因為興趣或責任感，那麼當報酬不再時，他們便可能失去行動的動力。

這種情況在日常生活中屢見不鮮。例如，一名原本熱愛歌唱的孩子，經常在家中自發地舉辦小型演唱會，享受音樂帶來的樂趣。然而，當家人開始以金錢作為鼓勵，如「唱一首歌給你五元」，孩子的行為模式開始改變。他不再是為了快樂而歌唱，而是為了報酬。久而久之，當沒有人再願意支付獎勵時，他便失去了對音樂的熱情。

有時，獎勵甚至可以成為改變他人行為的心理操控手段。一位住在海邊的老人，每天喜歡在院子裡享受寧靜的海風。然而，一群孩子經常在他家附近追逐嬉戲，吵鬧聲讓他無法安寧。

某天，老人靈機一動，決定運用心理學策略。他召集孩子們，告訴他們：「你們的吵鬧聲讓我覺得很開心，所以我願意付錢給你們，誰叫得最大聲，誰就能獲得最多獎勵！」孩子們因此更加賣力地大聲喧嘩，試圖爭取更多報酬。

幾天後，老人開始逐步減少支付的金額，最後完全停止獎勵。孩子們發現再怎麼吵鬧都得不到報酬，便感到「這樣太吃虧了」，於是完全停止了喧嘩。這位聰明的老人利用「德西效應」（Westerners Effect），讓孩子們習慣以獎勵來評估自己的行為，一旦獎勵消失，他們便失去了行為的動力，最終達成了老人的目的。

心理層面

德西效應

心理學研究顯示，在某些情況下，人們若同時獲得內在報酬（如成就感、興趣）與外在報酬（如金錢、獎勵），不僅不會增強其工作動機，反而可能降低其內在動機。當外在獎勵取代了內在動機的驅動力，個體的行動強度將不再是兩者相加，而是兩者之間的差距。這種現象被稱為德西效應。

德西效應的核心觀點指出，當一個人原本因自身興趣或滿足感參與某項活動時，若額外提供物質獎勵，可能會讓這項活動變得像是一種「有條件的行為」。最終，當外部獎勵消失，參與者對該活動的興趣也會下降，甚至可能完全喪失原本的內在動機。

這個理論的啟示是，在教育或職場環境中，若過度依賴外在獎勵來推動行為，可能會讓個體將行動視為「為了獎勵而做」，而非因熱愛或責任感而做。因此，在獎勵機制的設計上，應特別注意平衡內在與外在動機，確保獎勵不會反向削弱行為的自主性與持續性。

幸福指南

在家庭教育中，適時的表揚與獎勵能夠提升孩子的自信心，並激勵他們持續向前。然而，過度或濫用獎勵，卻可能

第 8 章　教育心理學：沒有平庸的孩子，只有失敗的父母

削弱孩子的內在動機，甚至產生依賴心理，使他們把原本應該履行的基本責任視為「額外付出」，若得不到獎勵，便失去行動的動力。這種現象不僅影響孩子的長遠發展，也會使獎勵本身變得廉價，無法真正發揮正向激勵的作用。

許多家長習慣對孩子的日常行為給予過多獎勵，例如孩子主動整理房間、按時完成作業、幫忙做家事等，這些原本應該是孩子應盡的責任，卻變成了「邀功」的機會。一旦孩子將這些基本行為視為「額外努力」，他們便可能開始期待每次付出都能獲得相應回報，否則便感到心理不平衡，甚至因此降低行動意願。

例如，如果父母每次都大張旗鼓地獎勵孩子主動幫忙家事，孩子可能會認為這不是他本應該做的事，而是「特別貢獻」，如果沒有獎勵，他們便不願再做。這種獎勵方式，從長遠來看，反而削弱了孩子的責任感，使他們無法內化這些行為成為日常習慣。

家長在給予獎勵時，應確保獎勵是有限度的，且與孩子的行為價值相匹配。只有當孩子完成了較具挑戰性或特殊的任務時，例如在學習上突破困難、展現出超越以往的努力，或者展現了高度的自主性與創造力，才適合給予額外的表揚與獎勵。如此一來，孩子才能區分「應該做的事」與「額外努力的事」，並對自己的表現建立正確的認知。

此外，獎勵的方式應以精神鼓勵為主，而非過度依賴物

質回報。例如，家長可以透過擁抱、鼓勵的話語、讚賞的眼神，來強化孩子的正向行為，而非習慣性地以金錢或禮物來換取表現。這樣能讓孩子從內在獲得成就感，而不是為了獲取物質回報才去行動。

如何有效運用獎勵？

為了讓獎勵發揮最佳效果，而不至於產生反效果，家長在使用獎勵時需遵循以下幾個關鍵原則：

1. 獎勵的目的應明確

在給予獎勵前，家長應明確告知孩子達成哪些條件才能獲得獎勵，讓孩子擁有明確的目標與努力方向。然而，這些目標應設計得合理，既能讓孩子有挑戰性，又不會過於困難，否則容易導致挫折感，讓孩子因難以實現而放棄嘗試。

例如，若孩子的學習習慣尚未養成，家長可設計一個短期目標，如「連續一週按時完成作業且保持整潔」，而非直接要求「每次考試都要考到前五名」。當孩子逐步達成小目標後，再逐步提升要求，這樣能讓孩子獲得階段性的成就感，並持續累積內在動力。

2. 獎勵的時機要及時

有效的獎勵應在孩子達成目標後立即給予，否則孩子可能無法建立行為與獎勵之間的清晰連結，進而降低獎勵的效

果。例如,若孩子今天完成了某項挑戰,家長應該當天或隔天內就給予鼓勵,而非拖延數週才表揚。

如果獎勵的時機過於延遲,孩子可能已經忘記自己做了什麼值得表揚,這樣獎勵的作用便會大打折扣。即時的獎勵能強化孩子的學習記憶,使他們更願意重複良好行為。

3. 獎勵的方式應多元化

獎勵的方式不應僅限於物質回報,而應涵蓋精神層面的肯定與關懷。例如:

口頭讚美:「你今天真的很努力,媽媽看到你的進步了!」

身體鼓勵:擁抱、拍拍肩膀,讓孩子感受到關愛與支持。

成就感的展現:在家裡設立「成就牆」,展示孩子的努力成果,例如貼上他們的優秀作品或學習進步的紀錄。

象徵性獎勵:例如給予孩子一本他喜歡的書、一張貼紙,或安排一次親子活動,而非單純的金錢獎勵。

這些方式能讓孩子感受到被肯定,而不會讓獎勵變成單純的交易行為。

適當的獎勵不應該成為孩子行動的唯一驅動力,而應該是引導孩子培養內在動機的工具。當孩子學會為了自己的成長而努力,而非只為獲取回報時,才是真正的成功教育。

家長應當透過獎勵機制,幫助孩子體會行為本身的價值,例如:

讓孩子理解幫助家人做家事的意義,而不只是為了得到零用錢;讓孩子體會學習的樂趣,而不只是為了考高分拿獎勵;讓孩子享受閱讀與探索的過程,而不只是為了完成父母指定的目標;當孩子能夠從內心找到行動的動力,他們將更有自主性與責任感,不再依賴外在獎勵來推動自己。

獎勵是一種有效的教育工具,但若運用不當,可能會影響孩子的行為模式,使他們變得過度依賴外在回報,而忽略了行為本身的價值。

家長在設計獎勵時,應確保獎勵與行為的價值相匹配,避免對基本責任過度獎勵,並優先使用精神鼓勵,而非單純的物質回報。此外,獎勵應具有明確的目標、適時給予,並採取多元化的方式,以確保它能真正發揮正向作用。

最理想的教育方式,不是讓孩子為了獎勵而行動,而是幫助他們學會從行動中獲得成就感。當孩子能夠自主地追求進步,而不是依賴外在回報,他們將具備更強的內在動機,並在未來的學習與生活中,展現更穩定的自信與成就感。

第8章　教育心理學：沒有平庸的孩子，只有失敗的父母

寬容的力量

生活視角

對於成人而言，孩子的內心世界往往如同謎團一般難以捉摸。然而，每個孩子的行為背後，總有其動機與理由。他們不會無緣無故地做出某件事情，因此，當我們發現孩子犯錯時，不妨先蹲下來問問：「你這樣做，是為什麼呢？」

瓦西里・蘇霍姆林斯基（Vasyl Sukhomlynsky），這位著名的教育家，在擔任校長期間，曾遇到一件發人深省的事情。學校裡的一株玫瑰開出了美麗且碩大的花朵，學生們紛紛駐足觀賞，驚嘆不已。然而，某天早晨，蘇霍姆林斯基在校園內散步時，卻看到一名幼稚園的小女孩摘下了這朵花，並從容地準備離開。

他沒有立即責備，而是蹲下身子，輕聲問道：「孩子，妳摘這朵花是要送給誰呢？」

女孩羞澀地說：「我奶奶生病了，我告訴她學校裡有一朵很大很漂亮的玫瑰花，可是她不相信。我想摘下來帶給她看看，等她看過了，我再把花送回來。」

聽完這句話，蘇霍姆林斯基心頭一震，感受到這名孩子天真而純粹的愛。他牽著女孩的手，走進花園，又摘了兩朵

玫瑰，微笑著對女孩說：「這一朵，是給妳的獎品，因為妳是一個懂得愛的孩子；另一朵，是送給妳媽媽的，感謝她培養出如此善良的女兒。」

這個故事在一次家長教育課程上被分享，講師只敘述到孩子摘花的部分，便請在場的父母猜測接下來的發展。結果，許多家長紛紛表示，這名女孩應該被好好教育一番，告知她不能隨意摘花，甚至有人認為應該懲罰她，以確保她未來不再犯類似的錯。

聽到這些反應，講師心中不禁感慨萬分。他發現，許多父母的思維仍然停留在傳統的道德框架內，他們習慣從「規則」的角度來評判孩子的行為，而忽略了理解與關懷。這些父母或許可以侃侃而談關於對錯的標準，卻缺乏對孩子內心世界的感知。他們的世界裡，似乎所有的玫瑰花，都已經凋謝了。

家庭應該是一個充滿愛的地方。然而，當父母習慣以「對與錯」來衡量一切，而不是試圖理解孩子行為背後的情感與原因，親子之間的距離便會逐漸拉大。

事實上，很多父母自認對孩子瞭若指掌，因為他們每日與孩子相處，為孩子提供最好的生活條件。然而，真正的理解並不僅限於物質上的照顧，而是深入孩子的內心，知道他們的需求與想法。許多家長習慣以自己的觀點來解讀孩子的行為，甚至直接套用成人的邏輯來評判孩子，這樣的做法，

第 8 章 教育心理學：沒有平庸的孩子，只有失敗的父母

不僅讓孩子感到壓力，也可能造成親子之間的隔閡。更有甚者，當孩子的行為不符合父母的預期時，父母便施加懲罰，讓孩子承受不必要的心理壓力。

然而，真正有效的教育，是讓孩子願意主動改變，而不是透過懲罰來強迫他們服從。當孩子發自內心地理解某個行為的意義，並認為這是自己選擇的結果，這種學習才是深刻且持久的。

這讓人想起一則寓言故事 ——〈南風與北風〉。

北風與南風打賭，看誰能讓農夫脫下身上的外衣。北風自恃力大無窮，認為只要強力吹起寒風，農夫便會因為受不了寒冷而主動脫衣。然而，當北風用盡全力吹拂時，農夫卻緊緊地將外衣裹住，甚至找地方躲避刺骨的風，結果北風無功而返。

接著，南風輕輕地吹送溫暖的微風，讓農夫感受到陽光的溫暖。隨著氣溫逐漸升高，農夫開始覺得身上過於悶熱，於是他主動脫下外衣，繼續耕作。最終，南風成功了，而北風只能無奈地退場。

這則故事恰恰象徵了兩種截然不同的教育方式 —— 北風代表的是懲罰與威嚇，而南風則象徵著理解與引導。當孩子犯錯時，如果父母選擇像北風般用嚴厲的態度指責，只會讓孩子產生抗拒，甚至變得更加固執。然而，若父母能像南風

一樣,以溫暖和耐心引導,孩子反而更容易敞開心扉,主動調整自己的行為。

教育的真正價值,不在於懲罰孩子的錯處,而在於幫助孩子理解錯誤,進而願意改變。當孩子能夠感受到父母的關愛與包容,他們便會更願意與父母溝通,並在成長的道路上,不斷修正與進步。

玫瑰的美麗,不應該因為一次摘花的行為而消失。孩子的純真與善良,也不應該因為一次錯誤的選擇而被抹滅。父母的角色,應該是幫助孩子理解這個世界,而不是讓他們在懲罰中學習恐懼。

畢竟,溫暖的南風,遠比嚴厲的北風更能觸動人心,也更能讓孩子願意敞開懷抱,迎接改變。

心理層面

南風效應

南風效應(South Wind Law)指的是順應人的內在需求,使人的行為變為自覺的過程。這種以啟發自我反省、滿足內在需求為核心的方式,能夠促使個體自主改變,而非因外在壓力而被迫順從。因此,這種心理反應也被稱為溫暖法則。

在教育、管理與人際關係中,南風效應具有廣泛的應

用。例如，當父母希望孩子改正錯誤時，與其嚴厲指責，不如耐心引導，讓孩子自己意識到問題所在；當主管希望員工提高工作效率時，與其設立嚴苛的規範，不如提供成長的機會與支持，激發員工的內在動力。

正如泰戈爾所言：「神的巨大權威是在柔和的微風裡，而不是在狂風暴雨之中。」南風效應提醒我們，真正有效的影響力來自於理解與尊重，而非強迫與控制。唯有當個體出於內心的自願，改變才會持久而深遠。

幸福指南

當孩子在成長的道路上偶爾犯錯，或者在學習與生活中遇到困難時，南風效應的溫暖與理解，遠比嚴厲的指責更能發揮作用。教育的目的不應只是改正孩子的錯處，而是幫助他們找到內心的力量，重新站起來。

小月老師是一位充滿愛心的教師，她對待「有問題」的學生，展現出令人動容的耐心與智慧，這樣的教育方式，或許能帶給許多家長與老師啟示。

浩浩是一名機靈可愛的小男孩，擁有出色的學習成績，也深受老師與同學的喜愛。然而，這學期開始後，小月發現他變了 —— 他不再像以前那樣開朗，上課時少了積極的發言，甚至變得容易分心，經常與周圍同學交談。更嚴重的

是,其他任課老師紛紛向小如反映,浩浩的成績明顯退步,並對他的行為表示擔憂。

對於這些變化,小月並不感到意外。她知道,浩浩的家庭環境一直較為特殊,他的父母在他年幼時便離異,他從小跟著父親生活。過去家境尚可,但近期父親的生意遭遇困難,家庭經濟狀況開始下滑,這對浩浩的情緒與學習狀態無疑產生了影響。

在了解這些背景後,小月並未急著責備浩浩,而是選擇以溫暖的方式與他溝通。她把浩浩找來,真誠地問:「你一直都是個表現很棒的孩子,老師和同學們都喜歡你。但最近你好像有點悶悶不樂,發生什麼事了嗎?是不是家裡出了什麼狀況?」

聽到老師這樣關心自己,浩浩的眼淚頓時像斷了線的珍珠般滑落,但他仍默不作聲。

小月沒有催促,而是輕輕地幫他擦去眼淚,溫柔地安慰他,讓他感到安全與信任。過了一會兒,浩浩終於抬起頭,哽咽地說:「我爸爸不要我了,把我丟給阿姨了⋯⋯」

聽到這句話,小月心疼不已,但她知道,此時最重要的不是否定或批評,而是幫助孩子從內心找到安全感。她耐心地對浩浩說:「你別擔心,怎麼會是不要你呢?爸爸可能是因為太忙,暫時沒辦法照顧你,才讓阿姨幫忙的。等爸爸的事

第 8 章 教育心理學：沒有平庸的孩子，只有失敗的父母

情處理好，一定會回來陪你的。」

浩浩似懂非懂地點了點頭，小月又安慰了他一陣，鼓勵他繼續努力學習，然後讓他回到課堂。當晚，小月主動聯繫了浩浩的父親，向他反映孩子的情況，並試著理解他的難處。父親坦承，自己因為開設娛樂場所，生活環境不太適合孩子，所以才把浩浩交給親戚照顧。

小月耐心地提醒浩浩的父親，即便再忙，也不能完全忽略孩子的感受，因為孩子的心理安全感來自於父母的陪伴。她也持續關心浩浩，經常與他談心，幫助他理解父親的處境。

在這段時間的關懷下，浩浩的狀態逐漸恢復，他不僅在學業上追趕了進度，還積極參與校內英語比賽，重新展露出往日的自信與笑容。

如果當初小月老師沒有試圖理解亮亮的情況，而只是責備他的學業退步與上課分心，那麼浩浩可能會因為委屈與壓力而變得更加封閉，甚至放棄對學習與未來的信心。幸運的是，小如選擇了「南風式」的教育方式，她以理解與關愛讓孩子感到被接納，進而願意主動調整自己的行為，回到正向的成長軌道。

孩子的世界遠比成人想像得單純，他們可能因一點小事而感到天崩地裂，也可能因一句溫暖的話而重新燃起希

望。因此，當孩子做錯事或表現異常時，父母與老師最該做的，不是立即施加懲罰，而是給予機會，讓孩子說出內心的想法。

家庭教育的基礎是無條件的愛。無論孩子遇到什麼困難，我們都應該讓他們知道，無論如何，他們都是被愛的，都有機會變得更好。每個孩子都擁有無限的潛能，而父母與老師的責任，就是用理解去發掘、用關懷去陪伴，幫助孩子找回內心的力量。

當孩子犯錯時，請記得蹲下來，看看他的眼睛，聆聽他的理由，或許，你會發現一個值得珍惜與呵護的成長機會。

第 8 章　教育心理學：沒有平庸的孩子，只有失敗的父母

幫助孩子走出自暴自棄的陰影

生活視角

在生活中，我們時常會看到因挫折而選擇放棄的孩子。當他們遭遇失敗，感受到壓力，卻又無法獲得足夠的支持時，便容易產生「我沒希望了」、「怎麼做都沒用」的負面心理。這種自暴自棄的狀態，若沒有及時引導，將嚴重影響孩子的自信心與成長。

小涵曾是一名成績穩定的學生，某段時間內，他的學習表現雖然沒有特別突出，但仍維持在中上水準。然而，這種穩定的表現在升上高年級後開始下滑，原本能夠拿到八十分以上的他，成績逐漸下降，最後甚至跌破及格線。

數學一直是小涵的弱項，家裡的氣氛也因此變得緊張，父母對他的耐心逐漸消失，每次考試結果不理想，換來的總是嚴厲的責備。他曾試圖努力過一次，在老師的鼓勵下，他比以往更用心準備，這次考試，他考了七十分，對自己來說，這是一個進步，他滿心期待地將成績單帶回家，想要得到父母的肯定。

然而，父母只是冷冷地回應：「才七十分，這也值得開心？鄰居的女兒每次都是九十分以上，你這成績算什麼？」

小涵愣住了，原以為努力會換來認可，沒想到父母依舊不滿意。他告訴自己：「再努力一次，或許爸媽就會開心了。」於是，他更加刻苦，花更多時間溫習功課，下一次的考試，他終於拿到了九十分。

可當他滿懷期待地把成績單交給父母時，父母的臉色依舊沒有太多變化：「九十分還不夠，你看你堂哥，幾乎每次都是滿分，這才是應該做到的。」這一次，小涵徹底放棄了，他開始認為自己怎麼做都無法滿足父母的標準，既然如此，又何必再努力？他的學習態度從此一落千丈，成績回到了及格邊緣，甚至變得比之前更糟。

許多家長以為嚴厲的比較能夠激勵孩子，但實際上，這種做法往往會適得其反。當孩子不斷被否定，他們開始相信無論再怎麼努力，都不會被認可，久而久之，他們會選擇放棄，甚至發展出「習得性無助」的心理。

心理學上曾做過一個著名的實驗，研究人員讓一隻小狗進入一個設置了兩塊踏板的實驗室，測試牠的學習行為。

第一天，當小狗踩下 A 踏板時，會獲得食物；踩下 B 踏板，則會遭受輕微電擊。經過數次嘗試，小狗很快學會避開 B 踏板，只踩 A 踏板來獲得食物。

第二天，研究人員將踏板的功能對調，這次踩 A 踏板會被電擊，而 B 踏板則能獲得食物。小狗起初仍習慣性地踩 A

踏板,但在多次被電擊後,牠開始嘗試 B 踏板,並最終學會新的規則。

第三天,實驗室再次變化,無論小狗踩哪一塊踏板,牠都會遭受電擊,完全無法獲得食物。小狗一開始仍然努力嘗試,但幾次後,牠逐漸放棄了,直接趴在地上,不再觸碰任何踏板。

到了第四天,研究人員將實驗條件再次改變,這一次,無論踩哪一塊踏板,都可以獲得食物。然而,這隻小狗卻已經完全失去嘗試的意願,牠甚至連食物放在眼前,都沒有任何反應,彷彿已經對世界失去了信心。

這就是心理學上所謂的「習得性無助」——當一個人長期經歷挫折,卻無法從中獲得任何正面回饋時,最終會選擇完全放棄,不再嘗試,即使機會重新擺在眼前,也無法鼓起勇氣再次行動。

在家庭教育中,這種情況也屢見不鮮。有些父母習慣以指責為主要溝通方式,總認為「稱讚會讓孩子驕傲」,於是孩子無論怎麼努力,換來的始終是挑剔與比較。久而久之,孩子開始相信自己永遠不夠好,甚至認為自己天生就是失敗者,這種心理一旦形成,將嚴重影響孩子的學習動機與自信心。

當孩子遭遇挫折時,父母應該成為他們最強的支持系統,而不是讓他們感到更無助。給予適時的鼓勵與肯定,能

夠讓孩子看到自己的價值,而不是將他們與他人比較,讓他們覺得自己永遠不夠好。

如果小涵的父母當初選擇不同的方式回應,例如在他考了七十分時說:「這次比上次進步了,努力是有收穫的!我們再看看還有哪些地方可以更提升。」當他拿到九十分時,則說:「你真的很努力,這次的成果很棒!但更重要的是,你已經找到了適合自己的學習方法。」這樣的鼓勵,將能夠讓孩子相信自己有能力進步,而不是只看到自己與別人的差距。

孩子的自信心並非天生,而是透過一次次的正向回饋累積而來的。當父母選擇用鼓勵取代指責,孩子才會願意嘗試、願意努力,並從每一次進步中找到成就感。如果父母能夠理解這一點,孩子將不再害怕挫折,也不會輕易放棄,而是能夠在困難中不斷前進,最終找到屬於自己的成功之路。

心理層面

習得性無助

習得性無助指的是個體在經歷一系列失敗或無法掌控的經驗後,逐漸形成一種負面的心理狀態,導致他們在情感、認知與行為上表現出對挑戰的退縮與無力感。這種心理狀態讓人相信,無論如何努力,都無法改變結果,最終選擇放棄嘗試。

第 8 章　教育心理學：沒有平庸的孩子，只有失敗的父母

　　當孩子習得了這種無助感，他們會發展出一種自我無能的策略，刻意迴避可能的失敗。他們可能選擇設定過高且不切實際的目標，以確保失敗的結果看起來「不可避免」，或者反之，他們可能只願意完成最簡單、最不費力的任務，以降低失敗的可能性。此外，他們往往容易感到沮喪，甚至透過憤怒與抗拒來表達內心的不滿與無助。

　　根據美國國家閱讀委員會（National Reading Panel, NRP）的報告，這類孩子通常表現出懶散、拖延，甚至有時帶有破壞性。他們不願意完成作業，在面對困難的學習任務時會迅速放棄，當被要求大聲朗讀或進行測驗時，更會表現出強烈的焦慮與抗拒。這些行為背後，反映的是他們對自身能力的嚴重懷疑，以及對失敗的極度恐懼。

　　習得性無助的形成，往往與成長過程中的負面經驗有關。如果孩子的努力長期未被肯定，或者經常遭受否定性的回饋，例如「你永遠做不好」、「怎麼努力都沒用」，那麼他們很可能會逐漸相信自己的無能，並且失去改變現狀的動力。這樣的心理狀態一旦養成，將對孩子的學習態度與未來發展產生深遠影響。

幸福指南

當孩子展開探索時，家長應避免過度干涉。只要不是極端危險或傷害他人的行為，都應該鼓勵孩子勇敢嘗試，並提供適當的引導。正面的評價能夠幫助孩子建立自信，提升自我效能感，而負面的評價則可能讓孩子喪失對自己的信任，進而放棄努力。心理學研究表明，長期受到「你做不到」這類評價的影響，孩子可能會形成固定的自我認知，無論是否真的有能力，他們都會認為自己做不到，最終將這種想法內化為行為模式。

孩子的成長需要空間，家長應該給予機會，讓他們親身體驗。當孩子想幫忙洗碗時，與其急忙拒絕：「你還小，會打破碗」，不如給他一個小水盆，讓他自己試著清洗；當孩子試圖掃地時，不要不耐煩地說：「別添亂」，而是提供一把小掃帚，讓他參與其中，即使最後地板變得更髒，也不必太過計較，而應在事後悄悄整理乾淨，並對孩子說：「你真能幹，會幫忙做家事了。」孩子透過這樣的參與，能夠感受到自己的能力被肯定，進一步增強自信心。

在孩子遭遇挫折時，適時的安慰與鼓勵至關重要。當孩子因為好奇而將爸爸的衣服泡在熱水裡，希望能將細菌殺死，卻不小心讓衣服縮水時，與其責備他「你怎麼這麼笨」，不如說：「現在你知道不能用熱水洗這種衣服了，這次的經驗

下次就能用上」；當孩子嘗試折紙飛機，卻發現飛不起來時，可以引導他：「試試看把機頭弄得更尖一點」。這些正向的回應能夠讓孩子學會從失敗中成長，而非因為恐懼失敗而拒絕嘗試。

家長的角色不僅是提供支持，也應適時啟發孩子的思考。如果孩子因好奇心而拆開鬧鐘，家長與其責備他「怎麼可以亂拆東西」，不如問：「你想知道什麼呢？你可以試著把它裝回去看看嗎？」；當孩子沉迷於動畫時，家長可以與孩子一起製作動畫配音，而不是單純阻止他看動畫；當孩子突發奇想：「我可不可以不吃飯」，不妨讓他試試，親身體驗餓肚子的感覺。然而，對於確實不適合嘗試的行為，家長則必須堅定立場，例如當孩子問：「我能不能在爸爸睡覺時，在耳邊放鞭炮嚇他」，這時應當明確回應：「這是不行的。」

如果孩子已經開始表現出缺乏自信的傾向，家長應首先停止對孩子的過度指責與否定，減少對其行為的責難，而應更多地給予鼓勵與肯定。正向的回饋能夠讓孩子重建對自己的信任，並願意為成功努力，而不是害怕失敗。誇獎不只是家長對孩子的信心表達，更是一種讓孩子建立自信的方式。當孩子對自己充滿信心時，他們就不會為失敗找藉口，而是會主動尋找解決問題的方法。這對於已經出現習得性無助的孩子而言，尤為重要。

每個孩子的內心都潛藏著無限的可能性,而家長的一句話、一個態度,都可能成為影響他們一生的關鍵。當孩子面對世界時,他們需要的不是一次次的「電擊」,而是一顆願意相信他們、支持他們的心。唯有如此,孩子才能真正勇敢地去探索、學習,並在挑戰中找到成長的力量。

第 8 章　教育心理學：沒有平庸的孩子，只有失敗的父母

一 溺愛的害處

生活視角

在許多家庭中，獨生子女往往成為家中的「小皇帝」或「小公主」，父母無微不至地包辦孩子的生活，甚至到了極端的地步。從餵飯、穿衣到決定交友圈與學習方向，孩子的世界似乎完全由父母掌控。這類包辦式的溺愛，使孩子失去了培養獨立性的機會，而放縱式的溺愛則讓孩子的需求凌駕於一切，父母甘願成為無條件服從的僕人，使孩子逐漸養成以自我為中心的性格。這兩種方式雖然都打著「愛」的名義，卻正在無聲地扼殺孩子的成長與未來。

許多父母認為，為孩子安排好一切是對他們最好的愛。然而，這種過度的干預，卻可能讓孩子迷失自我，成為父母意志的延伸。

小華的母親對他的照顧可謂無微不至，從小學到大學，他的生活都被母親安排得井然有序。每天早晨，母親會準備好早餐，叮囑他穿戴整齊，甚至連書包裡的物品是否齊全都要親自確認。到了大學，母親仍會每天打電話提醒他該做的事情，甚至連課表都一一過目，確保他不會「走錯路」。

然而，當小華畢業後開始找工作，他卻陷入極大的焦慮與無助。他發現自己無法做決定，不知道該選擇哪家公司，也不敢獨自去面試，甚至連租房都希望母親幫忙決定。長期被包辦的生活，讓他失去了獨立思考與選擇的能力。這樣的愛，並沒有讓他變得更好，反而讓他成了依賴母親的傀儡。

真正健康的愛，應該是給予孩子足夠的空間，讓他們學會獨立，而不是永遠代替他們做決定。父母應該適時放手，讓孩子學習面對現實，培養應對挑戰的能力。

相較於包辦式的溺愛，放縱式的溺愛更加危險。當父母對孩子的所有需求無條件滿足，孩子將會逐漸失去對他人與社會的尊重，甚至變得目中無人。

五歲的小恩某天去商場，看到一款遙控車，吵著要買。母親試圖勸他：「這台車太貴了，下次再買吧。」然而，小恩立刻躺在地上大哭大鬧，不斷踢腳、尖叫，吸引了路人側目。母親終於受不了，只好趕緊付款，將車買下來。小恩得逞後，立刻收起眼淚，開心地玩了起來，彷彿剛才的哭鬧從未發生過。

二十年後，小恩談了一場戀愛，然而女友因性格不合決定分手。他無法接受這樣的拒絕，便開始不斷騷擾對方，甚至用極端方式威脅，最後釀成悲劇。

小恩的問題，並非突然產生，而是從小累積而來。長期

第 8 章　教育心理學：沒有平庸的孩子，只有失敗的父母

習慣「想要什麼就得到什麼」的環境，使他無法接受「不」這個字。一旦有人拒絕他，他就無法理解，也無法接受，只能用極端方式試圖改變結果。這類孩子往往難以融入社會，因為他們無法接受現實世界的挫折與挑戰，最終陷入自卑與孤立。

被溺愛的孩子，往往無法接受獨立。他們需要透過他人的關注來確認自己的價值，先是依賴父母，長大後則依賴配偶或朋友。他們期待身邊的人無條件地滿足自己的需求，卻從未學會如何照顧別人，甚至會變成家庭中的負擔。

小茵從小被父母寵愛，家裡所有的事情都由父母打點。當她步入婚姻後，依然維持這樣的模式，每天都要丈夫幫她做決定，甚至連晚餐吃什麼都要等丈夫安排。當丈夫無法滿足她時，她便開始抱怨，甚至覺得自己嫁錯人，最終婚姻瀕臨破裂。

被溺愛的孩子，長大後往往難以適應社會，因為他們缺乏解決問題的能力，也無法承擔責任。他們不懂得如何為自己的人生負責，習慣性地將責任推給別人，當事情不如意時，便會怨天尤人。

愛孩子，不是讓他們永遠處於舒適圈，而是讓他們擁有面對現實的能力。真正的愛應該包含尊重、規範與適當的拒絕。家長應該適時地讓孩子承擔責任，學習解決問題，而不是在孩子遇到困難時立即伸出援手。適度的挑戰與挫折，能

夠讓孩子學會堅持與努力，也能讓他們理解，人生不是所有事情都能如願以償。

真正的愛，不是滿足孩子所有的需求，而是讓他們擁有獨立的能力。適時放手，讓孩子自己去探索世界，這才是給予孩子最寶貴的禮物。

心理層面

溺愛

溺愛是一種看似充滿關懷，實則限制孩子成長的愛。當照顧者過度庇護孩子，剝奪他們獨立行動的機會時，孩子便難以發展自主能力，形成對父母的依賴，甚至影響其心理與行為發展。這種失去理性的愛，不僅不能帶來幸福，反而可能成為孩子成長過程中的最大阻礙。

溺愛可分為包辦型溺愛與放縱型溺愛。在包辦型溺愛中，父母將孩子視為自己生命的延續，事無巨細地掌控孩子的一切，使他們成為沒有獨立意識的附屬品。而在放縱型溺愛中，父母則反向成為孩子的僕人，無條件滿足孩子的需求，讓孩子誤以為世界圍繞著自己運轉，從而養成自我中心的性格。這兩種極端的愛，雖然出發點都是為了孩子好，卻都可能成為影響孩子未來適應社會的絆腳石。

第8章 教育心理學：沒有平庸的孩子，只有失敗的父母

幸福指南

在日常生活中，我們常見因溺愛而影響正常發展的孩子。某社區內有一名女孩，因父母過度保護，導致她不願與同齡人交際，只願與母親對話，面對陌生人時甚至無法開口。而另一位大學生，因為從小被母親過度照顧，竟要求母親陪伴入學，甚至連住宿也要與母親同住。此外，一位被稱為「乖孩子」的少女，從衣著、髮型到日常決策，完全由父母安排，導致她的打扮與言行與實際年齡嚴重不符，缺乏獨立意識與個性。

這些例子顯示，「慈母多敗兒」這句諺語並非無稽之談，尤其在單親家庭中，父母因愧疚心理更容易對孩子過度縱容。然而，真正的愛應該是幫助孩子學習獨立，而非讓他們活在父母的庇護下，無法面對現實世界的挑戰。

雖然每個家庭的溺愛方式不同，但大多數家庭都存在某些溺愛行為，若不加以調整，將可能影響孩子的心理與社會適應能力。以下是幾種常見的溺愛模式：

首先，過分關注讓孩子成為家庭的中心，一家人圍繞著孩子轉，逢年過節更是以孩子為焦點，導致孩子習慣被關注，甚至在外人面前刻意吸引注意力，影響其正常的社交發展。

其次，享有特權讓孩子認為自己應該得到最好的一切，

例如生日必須盛大慶祝、擁有最昂貴的玩具與衣物,這會培養孩子的自私與優越感,缺乏同理心與分享精神。

輕易滿足也是一種溺愛表現。當孩子提出需求時,父母立刻答應,甚至過度給予零用錢,使孩子習慣即時滿足,缺乏耐心與責任感。這類孩子往往不懂珍惜,也無法理解努力與收穫的關係。

生活懶散則反映在孩子的日常作息缺乏規律,父母對孩子的飲食、學習時間不加管理,造成孩子缺乏自律,做事虎頭蛇尾,缺乏耐心與毅力。

某些父母還會祈求拜託孩子完成基本的責任,例如哄勸孩子吃飯、睡覺,這讓孩子認為他們是在施捨,而非本分,導致他們容易任性妄為,甚至養成操控父母的習慣。

越俎代庖的家長則剝奪孩子獨立完成事情的機會,像某些孩子從小連剝蛋殼、綁鞋帶都未曾自己動手,這樣的教育方式讓孩子缺乏基本的生活技能,甚至未來難以適應社會。

此外,小題大做讓孩子失去應有的堅韌。例如孩子摔倒後,過度緊張的父母會讓孩子變得膽小、依賴,無法培養面對困難的能力。

過度保護也是許多家庭常見的問題,部分父母因擔心孩子受傷或遭遇危險,限制他們的活動,導致孩子缺乏探索世界的機會,變得過度依賴父母,無法應對現實挑戰。

第 8 章　教育心理學：沒有平庸的孩子，只有失敗的父母

　　害怕哭鬧讓孩子透過情緒勒索控制父母，當孩子以哭鬧、拒食等方式威脅父母時，若家長選擇妥協，便會助長孩子的無理行為，使其未來難以接受拒絕或挫折。

　　最後，教育方式不一致則可能讓孩子無所適從，當父母在孩子面前互相推翻對方的管教方式，孩子會學會鑽漏洞，甚至利用家庭矛盾達到個人目的，最終無法形成正確的是非觀念。

　　愛孩子並非無條件的滿足，而是幫助他們學會獨立與負責。過度的關注與包辦，只會讓孩子失去探索世界的機會，而過度的放縱，則可能讓孩子無法理解規範與自我約束的重要性。真正的愛，是在孩子成長的過程中，給予他們適當的空間與挑戰，讓他們逐步建立起面對人生的能力，而不是成為社會適應不良的個體。

溺愛的害處

國家圖書館出版品預行編目資料

心智操控術，讓心理學成為你的超能力：工作成癮症 × 知識焦慮症 × 微笑憂鬱症……心理學教你破解現代病，打造內在強大、外在從容的人生！/ 楊書媛 著 . -- 第一版 . -- 臺北市：財經錢線文化事業有限公司, 2025.04
面； 公分
POD 版
ISBN 978-626-408-218-1(平裝)
1.CST: 應用心理學
177　　　　　　　114003784

電子書購買

爽讀 APP

臉書

心智操控術，讓心理學成為你的超能力：工作成癮症 × 知識焦慮症 × 微笑憂鬱症……心理學教你破解現代病，打造內在強大、外在從容的人生！

作　　者：楊書媛
發 行 人：黃振庭
出 版 者：財經錢線文化事業有限公司
發 行 者：崧燁文化事業有限公司
E - m a i l：sonbookservice@gmail.com
粉 絲 頁：https://www.facebook.com/sonbookss/
網　　址：https://sonbook.net/
地　　址：台北市中正區重慶南路一段 61 號 8 樓
8F., No.61, Sec. 1, Chongqing S. Rd., Zhongzheng Dist., Taipei City 100, Taiwan
電　　話：(02) 2370-3310　傳　真：(02) 2388-1990
印　　刷：京峯數位服務有限公司
律師顧問：廣華律師事務所 張珮琦律師

-版權聲明

本書作者使用 AI 協作，若有其他相關權利及授權需求請與本公司聯繫。
未經書面許可，不得複製、發行。

定　　價：420 元
發行日期：2025 年 04 月第一版
◎本書以 POD 印製